그게, 선 넘은 거야

THE BETTER BOUNDARIES WORKBOOK: A CBT-Based Program to Help
You Set Limits, Express Your Needs, and Create Healthy Relationship

Copyright © 2021 by Sharon Martin
All rights reserved.
Korean translation rights arranged with New Harbinger Publications, Inc., U.S.A
through Danny Hong Agency, Seoul. Korean translation copyright © 2022 by
Editory

이 책의 한국어판 저작권은 대니홍 에이전시를 통한 저작권사와의 독점 계약으로 에디
토리에 있습니다. 신저작권법에 의해 한국 내에서 보호를 받는 저작물이므로 무단전재
와 복제를 금합니다.

그게,
선 넘은 거야

THE
BETTER
BOUNDARIES
WORKBOOK

샤론 마틴 지음
양소하 옮김

EDITORY

들어가는 말

•
경계는 나의
자존감을 지키는
울타리입니다
•

타인과의 관계에서 어디까지 거리를 두어야 할지 제대로 알고자 이 책을 펼친 독자 여러분, 반갑습니다. 저는 심리치료사 샤론 마틴입니다.

저는 오랜 시간 심리치료를 필요로 하는 여러 내담자를 만나고 개인적인 경험들을 돌아보면서, 명확한 나만의 경계와 적절한 타인과의 거리감이 한 인간의 자존감에 얼마나 중요하며 또 우리 삶을 어떻게 변화시키는지 깨달았습니다. 실제로 저의 내담자들 중 상당수가 처음엔 스스로의 힘으로 일어서려 할 때나 필요와 욕구를 느낄 때 왠지 모를 죄책감과 두려움을 느꼈습니다. 그러나 경계를 설정하는 방법을 익히고 나선 무너진 자존감을 회복하는 것은 물론, 다른 사람에게 존중받으며 동시에 심리적으로 만족스러운 관계를 구축할 수 있었죠.

물론 경계를 설정하고 타인과의 거리를 조정하는 일은 하루 만에 뚝 딱 해낼 수는 없어요. 경계를 짓는다는 건 생각보다 시간이 필요하거든요. 하지만 이 책에 담긴 퀴즈와 연습 문제를 풀어보며 경계의 정의와 방법을 익힌다면, 분명 여러분도 자존감을 지키는 나만의 경계를 설정할 수 있습니다.

많은 내담자분들은 경계를 설정할 때 유독 죄책감에 시달립니다. 그 모습을 보며 전 좀 더 명확하게 경계를 설정하는 기술을 알려드릴 방법이 없을까 고민하게 되었죠. 이왕이면 보고 따라 할 수 있는 '경계 설정 기본 안내서'가 있으면 좋겠다고 생각했습니다. 이 마음이 계기가 되어 저는 그동안 성공적인 결과를 불러왔던 실용적인 경계 설정 기술과 전략을 정리하고 공유하고자 이 책을 쓰기로 결심했죠.

책의 1파트에서는 경계가 무엇인지, 왜 경계가 필요한지, 그리고 왜 경계 설정이 어려운지에 대해 살펴봅니다. 2파트에서는 경계를 설정하고 소통하는 방법과 경계 위반을 다루는 법에 초점을 맞추었습니다. 3파트에서는 직장의 인간관계와 연인, 자녀, 가족, 친구 그리고 대하기 어려운 사람들과의 경계 기술에 관해 알아봅니다. 마지막 4파트에서는 타인의 경계를 존중하고 나를 위한 건강한 제한선과 습관을 만드는 등 자기 관리로서의 경계 관련 기술을 연습합니다.

이 워크북은 우리의 생각, 감정, 행동 사이의 연관성을 이해하기 위한 접근법으로서 '인지 행동 치료^{CBT}'를 사용합니다. 책에 실린 CBT 연습 문제들은 경계 설정을 어렵게 하는 부정확한 생각과 신념을 파악해 더욱 정확하고 도움되는 생각으로 바꾸어줄 것입니다. 또한 CBT 외에도 마음챙김과 자기 연민$^{Self\text{-}compassion}$ 개념을 사용합니다. 현재에 집중하는 행위, 특히 위축되거나 화난 상태에서의 마음챙김은 감정 조절에 효과적입니다. 그리고 자기 연민은 자기 수용과 회복력, 동기 부여를 촉진해주죠.

경계 설정은 어렵지만 보람 있는 일입니다. 이 워크북이 타인과의 거리를 제대로 정하지 못해 남의 감정에 휘둘리는 분들을 돕고 더 명확한 경계 설정을 이룰 수 있는 희망이 되길 기대합니다.

이 책 활용법

책에 실린 개념과 연습 문제들은 서로 연결되어 있습니다. 이왕이면 처음부터 끝까지 천천히 다 읽어보며 문제를 풀어나갈 것을 추천합니다. 어떤 내용은 나와 별 관련이 없어 보일 수도 있지만 그래도 읽어보길 권해요. 모든 내용은 유기적으로 연결되어 완전한 경계 설정의 길로 인도하기 때문입니다.

또한 새로운 기술을 배우려면 많은 연습이 필요합니다. 사람들은 변화를 시도할 때 편안하고 효과적으로 느껴지는 새로운 생각, 감정, 행동을 충분히 연습하기도 전에 너무 빨리 포기하는 경향이 있어요. 이를 방지하기 위해 이 책은 다음과 같은 다양한 접근 방법을 제안합니다.

1. 연습 문제 풀기

책에는 학습한 개념을 익히고 연습하는 데 도움이 되는 연습 문제와 스스로를 되돌아보게 하는 질문들이 실려 있습니다. 읽으면서 바로 풀 수 있는 것도 있고 많은 시간 생각해야 하는 것도 있습니다. 최선을 다해 풀어보기 바랍니다.

2. 온라인 자료 활용하기

연습 문제를 반복해서 풀 때 더 효율적으로 학습할 수 있도록 온라인상으로 자료를 제공합니다. 인쇄해서 반복해 연습하면 더욱 효과적입니다.

www.newharbinger.com/47582 → Worksheets & Handouts (해당 자료는 영문 파일이며 해당 사이트에 가입하셔야 합니다.)

3. 일기나 노트 활용하기

책을 읽다 보면 여러분의 생각, 감정, 투쟁과 성공에 관한 느낌을 남기고 싶다는 마음이 들 거예요. 그렇다면 일기나 노트를 활용하세요. 나만의 경계를 짓는 과정이기에 나로부터 나온 감정과 생각들은 큰 가치가 있습니다. 또한 배운 내용을 머리에 깊이 새기고 집중을 방해하는 걸림돌들을 극복하는 데도 기록은 아주 유용합니다.

4. 전문가의 도움 받기

이 책을 끝까지 읽으면 과거에 느낀 힘들었던 감정이 떠오를 수 있습니다. 이때 전문 치료사는 그 감정을 다루고 해소할 수 있게 도와줍니다. 우울증, 불안, 자살 충동 등 정신적 고통이 심해지면 즉시 정신 건강 전문가나 의료진과 상담하세요. 치료 전문가분들께는 도움이 될 만한 가이드를 제공하니 참고 바랍니다.

www.newharbinger.com/47582 → Clinician's Guide (해당 자료는 영문 파일이며 해당 사이트에 가입하셔야 합니다.)

THE
BETTER
BOUNDARIES
WORKBOOK

CONTENTS

들어가는 말 · 경계는 나의 자존감을 지키는 울타리입니다 ··· 4

PART 1   요구와 거절이 익숙하지 않은 당신에게
          "나를 나로서 정의할 무언가가 필요해요" ··· 12

    CHAPTER 01 경계가 꼭 있어야 하나요? ··· 15
    | 경계가 없을 때 일어나는 일
    | 경계가 내 삶을 성장시키는 법

    CHAPTER 02 경계를 두는 건 이기적인 게 아닌가요? ··· 33
    | 경계에 관한 잘못된 믿음들
    | 경계에 관한 인식 바꾸기

    CHAPTER 03 왜 나는 경계를 만드는 게 어려울까요? ··· 47
    | 경계에 대해 배운 적이 없다
    | 경계 설정 자체가 두렵다
    | 경계를 두면 죄책감이 느껴진다
    | 나에 대해 정확히 모르고 있다

PART 2　선 넘는 사람들을 효과적으로 대처하는 법
"이제 그만, 더는 넘어오지 마세요" … 74

CHAPTER 04　경계는 어떻게 만드나요? … 77
경계를 설정하는 4단계 공식

CHAPTER 05　경계를 설정했는데 왜 나아지지 않나요? … 99
경계를 잘 작동시키는 의사소통법
타협이 어려울 때의 경계 협상법
경계를 적극적으로 표현하기 위한 연습
죄책감 없이 거절하기 위한 연습
말보다 행동이 필요한 상황들

CHAPTER 06　경계를 무시당할 때는 어떻게 하나요? … 145
고통스러운 경계 위반 경험들
경계 위반에 대응하는 법

PART 3　삶의 여러 영역별 적절한 경계 만드는 법
"어떤 상황에서든 내 욕구를 존중받겠습니다" … 160

CHAPTER 07　직장에서 어떻게 경계를 만드나요? … 163
직장에서 성실한 사람이 이용당하는 이유
직장 경계 설정의 걸림돌을 극복하는 법

CHAPTER 08　연인 사이에도 경계가 꼭 필요한가요? … 179
경계는 연인 관계를 더욱 돈독하게 만든다
애정 관계에서 흔히 나타나는 경계 문제들
요구 사항이 충돌할 때 합의하는 법
내게 필요한 것을 직접적으로 요청하기

CHAPTER 09　자녀와의 적정한 거리는 어떻게 아나요? … 197
아이에게 반드시 경계가 필요한 이유
자녀와의 경계 설정을 위한 5가지 팁

CHAPTER 10　가족, 친구와 경계를 두는 게 두려워요 … 217
가까운 관계에서 주로 나타나는 경계 문제
다른 영역과 구별되는 독특한 어려움 해결하기

CHAPTER 11 끊임없이 무시하는 사람은 어떻게 대응하나요? … 237
　누구에게나 특히 더 어려운 사람이 존재한다
　힘겨루기 없이 어려운 사람과 경계 설정하는 법

PART 4　죄책감 없이 내 권리를 주장하는 경계 설정 연습
"나는 내 경계만큼 타인의 경계도 지켜주고 싶습니다" … 252

CHAPTER 12 다른 사람의 경계도 존중하고 싶어요 … 255
　경계는 양방향이다
　우리는 모두 종종 타인의 경계를 위반한다
　상대의 거절이 고통스러울 때
　타인의 경계를 존중하는 법
　내가 선을 넘었을 때 반드시 해야 할 일

CHAPTER 13 나 자신과도 경계가 필요한가요? … 275
　경계는 자기 관리를 위한 필수 도구다
　평생 배우고 연습해야 하는 자기 훈련
　나 자신과 경계를 설정하는 3단계
　전문가의 도움이 필요한 경우

CHAPTER 14 스마트폰과도 경계를 만들고 싶어요 … 293
　기술 사용에 경계가 필요하다는 신호
　기술과 경계 설정하는 법
　온라인상에서도 경계가 필요한 이유
　경계 설정에 기술을 활용하는 법

나가는 말 · 좌절하는 상황이 와도 포기하지 마세요 … 305
독자에게 보내는 마지막 메시지
참고문헌

PART 1

요구와 거절이 익숙하지 않은 당신에게

"나를 나로서 정의할 무언가가 필요해요"

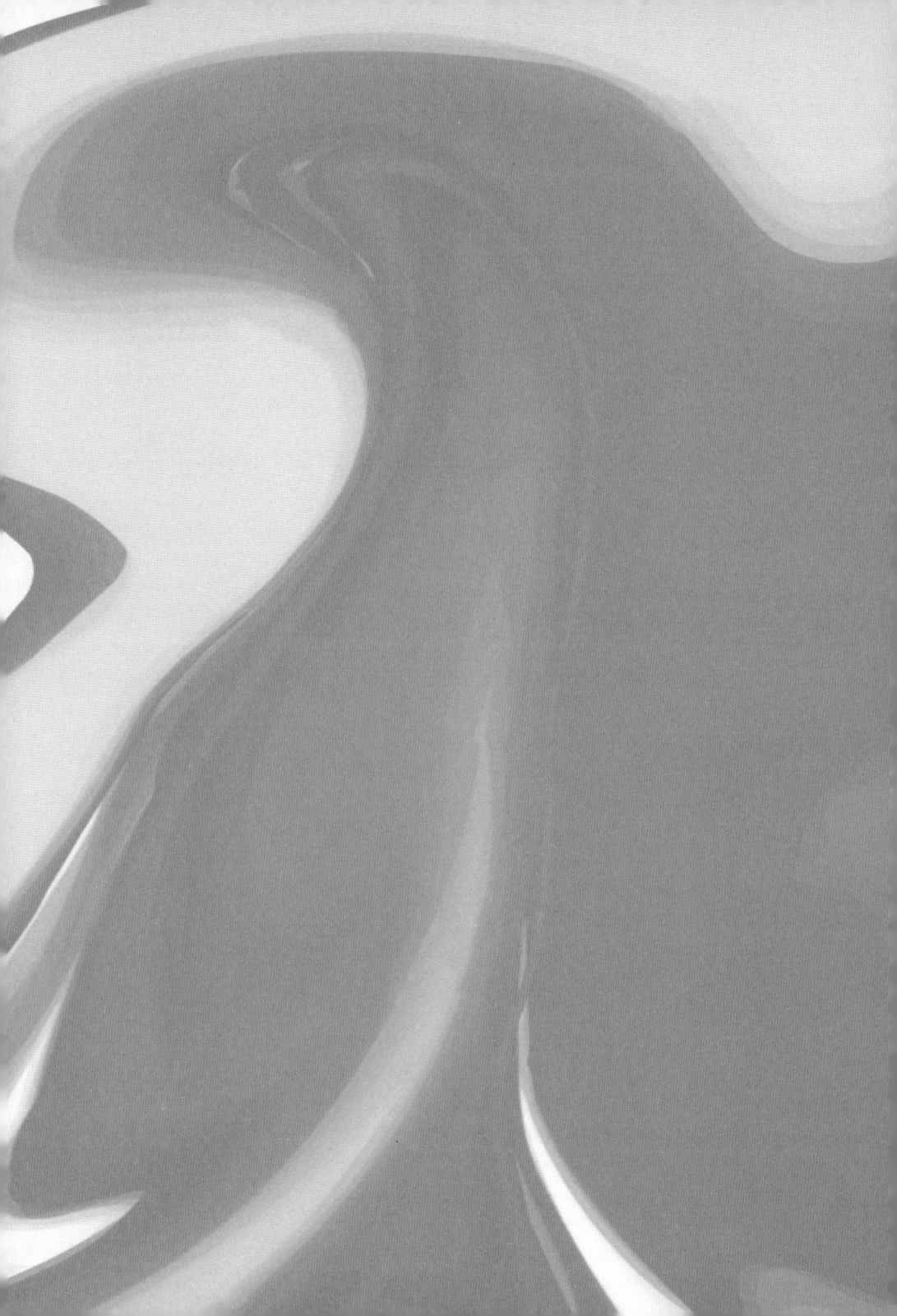

CHAPTER 01

경계가 꼭 있어야 하나요?

경계 설정은 건강과 행복, 그리고 성공을 위해 꼭 필요하지만 많은 분들이 이를 일종의 과제처럼 느낍니다. 스스로를 옹호하고 필요한 것을 요구하는 데 익숙하지 않기 때문입니다. 상대를 실망하게 하거나 불쾌하게 하고 싶지 않아 거절하는 걸 극심히 두려워하고, 타인의 욕구나 감정에 집중한 나머지 자신의 마음과 가치는 잊어버리죠. 그 결과 지쳐 좌절하고, 자기가 자신을 인정해주지 않으며, 타인으로부터 감정적 학대를 받고도 이를 묵인하게 됩니다.
그러나 자신에게 다정해지고, 나에게 필요한 것을 단호하게 요구하며, 더 만족스럽고 존중받을 관계를 어떻게 만들지 알게 되면 경계를 설정할 수 있고 이러한 고통에서 벗어날 수 있어요.
그럼 본격적으로 연습에 나서기 전에 경계의 기능과 경계 부족이 미치는 부정적인 영향, 건강한 경계 설정법을 익혔을 때의 이점 먼저 살펴볼까요?

경계가 없을 때
일어나는 일

'경계'는 한 개인이 자신이 누구인지를 정의하고 나(내 몸, 내 감정, 내 재산, 내 책임 등)와 내가 아닌 것을 구분합니다. 또 다른 사람과 어떻게 상호작용할 것인지, 다른 사람에게 어떤 대우를 받고 싶은지, 나에게 괜찮은 것과 그렇지 않은 것은 무엇인지, 다른 사람과 얼마나 친해지고 싶은지(신체적으로나 감정적으로나)에 관한 것을 정하는 기준이기도 하죠.

경계는 다양한 형태를 띱니다. 예를 들면 물리적 경계는 나의 공간과 신체, 재산을 보호합니다. 또 성적 경계는 성적 행위에 동의할 권리와 성적으로 원하는 것을 요구할 권리, 연인의 성적 이력에 대해 알 권리를 지켜줍니다. 감정적 경계는 자신만의 생각과 감정을 가지는 일이나 타인에게 자기 생각을 부정당하거나 배신당하는 것과 같은 감정적 피해로부터 보호해줍니다. 마지막으로 시간적 경계는 하고 싶지 않거나 과도한 일에 내 시간을 쏟지 않도록 보호합니다.

경계는 '나'와 '나 아닌 것'을 구분한다

경계의 중요한 역할에는 어느 하나를 다른 하나와 구별하는 것이 있습니다. 자존감과 관련해서는 한 사람을 다른 사람과 구분하는 게 되겠죠. 경계는 여러분이 부모님이나 배우자 등 누군가의 연장선에 있는 사람이 아니라 세상에 단 한 명뿐인 독특하고 자율적인 사람이라는 것을 분명히 해줍니다. 이런 차별화는 나의 정체성을 정의하고 내가 어떤 존재며 어떤 부분에 책임이 있고 없는지를 명확히 해줍니다.

경계를 설정할 때는 자신만의 개성을 주장해야 합니다. 사람마다 생각과 느낌, 가치관, 목표, 관심사가 다르니까요. 하지만 가끔 어떤 사람은 자신과 다른 사람 사이의 차이점에 위협을 느끼고 혼란스러워합니다. 다른 사람도 나처럼 생각하고 느끼길, 또 행복하길 바라기 때문입니다. 사실 다른 사람과 내가 다르다는 사실은 두려움을 불러옵니다. 비판이나 거절이 자연스럽게 따라오니까요.

그래서 타인을 많이 의식하는 이들은 진정한 자기 자신을 숨기며, 다른 사람이 나를 마음대로 정의하는 상황도 용인합니다. 심리학자들은 이런 상황을 '밀착Enmeshment'이라는 용어로 표현합니다. 밀착된 관계에는 경계가 없습니다. 관계에 속한 구성원은 누구나 똑같이 생각하고 느끼며 행동할 것이라 서로에게 기대하죠. 밀착되거나 경계가 없는 관계에서는 스스로의 결정이 아닌 다른 사람이 원하는 것과 그들이 옳다고 생각하는 것에 따라 살아가게 됩니다.

따라서 경계를 설정해야만 나와 타인을 건강하게 분리하고 내가 누구인지 정의해 진정한 나로서 알맞은 선택을 할 수 있습니다.

경계는 나에 대한 정의다

경계가 흐릿하면 자신이 누구인지, 뭐가 필요한지, 뭘 하고 싶은지, 뭐가 나에게 중요한지, 뭘 믿는지 확신할 수 없습니다. 심지어 아예 경계가 없다면, 남과 분리가 되지 않아 진정한 자신을 잃게 되죠.

크리스틴의 이야기는 경계가 없을 때 어떻게 자신을 잃어버리는지 보여주는 좋은 예입니다. 크리스틴의 삶은 아주 순탄했습니다. 그녀는 평일엔 학교에서 미술 교사로 일했고, 토요일 오전에는 친한 친구들과 하프 마라톤에 나갈 연습을 했습니다. 그리고 일요일 밤에는 우울증을 앓던 동생을 조금 더 이해하려는 노력으로 10대를 대상으로 한 상담 전화 봉사활동을 했습니다.

그러나 닉과 사귀기 시작하면서 크리스틴의 일상은 완전히 바뀌었습니다. 닉은 자주 우울해했고 툭하면 화를 냈습니다. 닉과 관계가 진전될수록 크리스틴의 기분도 늘 좋지 않았죠. 크리스틴은 점점 더 닉의 기분에 맞춰줄 일에만 시간을 쏟게 되었습니다. 일요일마다 하던 상담 봉사활동도 관뒀습니다. 하지만 닉은 여전히 집에 틀어박혀 의미 없는 시간을 보냈습니다. 크리스틴의 친구들은 닉이 게으른 것이라 말하며 그녀를 말렸지만, 크리스틴은 그 말을 듣는 대신 친구들과의 마라톤을 포기했습니다. 오히려 닉과 함께 닉의 친구들과 어울렸죠. 닉의 친구들은 다들 철이 없어 보였지만, 닉을 화나게 하고 싶지 않았던 크리스틴은 아무 말도 하지 않았습니다.

크리스틴은 뚜렷한 목표 의식과 친한 친구들, 낙담하지 않으려면 무엇이 중요한지 알았던 행복하고 자신감 넘치는 스스로에게서 점점 멀어졌습니다. 그녀는 취미와 친구들을 포기하는 대신 닉의 기분과 문제들을 자기 것인 양 흡수했습니다. 이 모든 일의 원인은 크리스틴이 닉과의 사이에서 경계를 명확히 긋고 유지하지 못한 데 있습니다.

이렇게 크리스틴의 이야기를 읽으면 닉을 만나기 전과 후 크리스틴이 어떻게 달라졌는지, 그 이유가 뭔지도 쉽게 알아챌 수 있죠. 하지만 이게 본인 일이 되면, 그것도 어릴 때 이런 일이 벌어지면 스스로 눈치채기가 매우 어렵습니다.

경계는 책임 소재를 정의한다

닉이 보여주는 문제 행동들은 사실 크리스틴이 해결할 수 없는 것들입니다. 크리스틴이 치료를 권하거나 좋은 일자리를 알아봐줄 수는 있어도 직접 치료 자리에 앉고 일을 해야 하는 건 닉 본인이니까요. 그러나 크리스틴은 상대를 배려한다는 착각에 빠져 자신의 책임이 아닌 닉의 문제들을 자기가 해결하려고 전전긍긍했습니다. 닉과 그녀 사이에 명확한 책임의 경계가 없었기에 크리스틴의 삶까지 무너진 것입니다.

프레디 역시 책임의 경계를 무너뜨리려는 아내 때문에 고통을 받았습니다. 프레디의 아내 마리아는 밤늦게 직장 동료 제임스와 자주 사적인 문자를 주고받았습니다. 때론 셀카까지 찍어 서로 공유했죠. 이 사실을 알게 된 프레디는 그 행동이 부적절하다고 마리아에게 화를 냈습니다. 그러나 마리아는 상처받은 프레디에게 이렇게 말했습니다.

"왜 일을 그렇게 크게 만들어? 맨날 일한답시고 집에도 안 들어오고 날 돌봐주지도 않았잖아. 내가 얼마나 외로웠으면 제임스한테 문자를 보냈겠어? 그런 걸 생각해야지!"

마리아는 끝끝내 배우자 외의 이성에게 사적인 문자를 주고받은 행동과 그 행동의 원인으로 지목한 외로움에 대한 책임을 스스로 지지 않으려 했습니다. 대신 프레디를 비난하며 그가 자신의 행동과 감정을 전부 책임져야만 한다고 강요했습니다.

분명 결혼은 둘이서 하는 것이기에 결혼 생활에 대한 책임은 양쪽 모두에게 있는 게 맞습니다. 그러나 마리아의 문제 행동과 부정적 감정은 본인이 스스로 통제하고 해결해야 하는 것입니다. 무작정 모든 게 프레디 책임이라고 밀어붙일 게 아니라요.

경계는 우리를 개인으로 정의합니다. 이 말은 곧 우리가 자신의 생각과 감정, 행동, 말, 신체에 책임을 져야 한다는 뜻을 분명히 담고 있죠. 또한 내가 통제할 수 없는 것, 즉 다른 사람이 어떻게 느끼는지와 어떤 행동을 하는지에 대해서는 책임이 없다는 점도 분명히 합니다. 프레디와 마리아의 이야기에서 보았듯 불분명한 경계는 자기 문제를 다른 사람에게 떠넘기게 합니다. 건강하고 적절한 경계가 있을 때 모든 사람은 자신의 감정과 행동에 책임질 수 있습니다.

경계는 제한선이다

경계의 주요 기능은 한계를 설정하는 것입니다. 그러니까 이때의 경계는 제한선이라고 할 수 있죠. 내가 어떻게 대우받고 싶은지, 뭐가 필요한지, 또 무엇을 기대하는지를 정하는 것입니다. 제한선이란 건 다른 사람에게 상처받지 않도록 나를 보호하는 데도 꼭 필요한 개념입니다. 그러므로 우리는 모두 자신만을 위한 제한선이 있어야 합니다.

경계는 나 자신에 대한 영역도 제한합니다. 내가 어떤 결정이나 행동을 할 때 바르게 할 수 있도록 인도하고 과음이나 과소비처럼 불리한 일을 벌이지 않게 막아주는 것이죠. 자신에 관한 제한선을 정하면 가장 중요한 것에 집중할 수 있고 목표와 가치에 따라 시간과 에너지, 돈을 쓸 수 있습니다.

경계는 물리적·정서적 안전의 시작이다

안전은 가장 기본적인 욕구 중 하나입니다. 물리적 위해와 감정적 상처로부터 안전해야 신뢰 관계를 형성하고 복잡한 일도 기분 좋게 해결할 수 있습니다. 1940년대에 심리학자 에이브러햄 매슬로$^{Abraham\ Harold\ Maslow}$는 인간의 동기를 일으키는 다섯 가지 욕구의 순서를 정리한 욕구 계층 이론에서, 최하위 욕구인 생리적 욕구(의식주, 수면) 다음으로 안전의 욕구를 두었습니다. 하위 욕구가 충족되어야 상위 욕구를 충족할 수 있다는 점에서 인간에게 안전이란 매우 중요한 것임을 알 수 있죠.

물리적 안전
여러분은 술 마신 사람이 운전하는 차를 타고 싶나요? 당연히 거부하겠죠. 공격적인 행동을 하는 사람을 피하고, 위험한 상황에서 벗어나는 행동 등이 물리적 안전을 지키기 위한 경계 설정입니다. 경계는 다른 사람들이 나를 어떻게 대해주길 바라는지, 내가 스스로를 안전하게 지키기 위해 무엇을 할지를 정합니다. 그래서 경계를 세우지 않으면 다칠 위험이 생깁니다.

정서적 안전

우리는 종종 정서적 위험에 직면합니다. 정서적 고통은 목숨을 위협할 만한 것은 아닐지 몰라도 실제적이며 물리적인 고통만큼 아프기도 합니다. 경계는 다음과 같은 상황에서 정서적 안전에 대한 위협으로부터 자신을 보호하는 방법입니다.

- 괴롭힘을 당할 때
- 자주 비판받을 때
- 거짓말을 들을 때
- 무능하다는 말을 들을 때
- 모욕적인 호칭으로 불릴 때
- 낯선 사람과 고립되었을 때
- 누군가 내게 큰 소리를 지를 때
- 누군가 나를 배신하거나 속일 때
- 누군가 내 존재를 부끄러워할 때
- 하지 않은 일 때문에 비난받을 때
- 뜬금없이 자주 화를 내는 사람과 함께 있을 때

경계는 가장 중요한 것에 집중할 수 있게 한다

경계는 과로, 낭비, 과한 기부 등 가치관과 우선순위에 맞지 않는 일로부터 우리를 보호합니다. 만약 시간과 에너지, 돈을 제한 없이 마구 쓸 수 있다면야 이런 우선순위가 필요 없겠죠. 그러나 우리의 자원은 한정되어 있습니다. 이걸 어떻게 쓸지 신중해야 합니다.

예를 들어 회사에서 진행하는 프로젝트를 전부 혼자 다 맡으려고 하면, 과로하게 되고 가족과의 시간도 보장받을 수 없겠죠. 물론 누군가는 '일'이 가장 중요한 가치라 거기에 자원을 몽땅 쓰는 게 낫다고 생각할 수 있어요. 그러나 그 정도가 심해져 건강, 가족과의 관계, 세상과의 소통 등에 쓸 자원이 없어지면 그 삶은 균형을 잃고 무너질 수밖에 없습니다. 경계라는 기준선이 다 사라져버리기 때문입니다.

아시다시피 어느 한 부분에 '예'라고 답하면 다른 부분에는 '아니오'라고 답해야 하는 경우가 있습니다. 이 모습을 냉정한 것이라고 지적하는 타인의 말에 주눅들지 마세요. 이것은 한정적인 나의 자원을 지키기 위해 경계를 긋는, 정당한 행동이니까요.

경계는 양방향이다

경계 관련 문제라면, 보통 경계를 설정하지 않아 받는 피해나 상대가 나의 경계를 존중하지 않을 때의 상처만 생각하기 쉽죠. 그러나 경계는 양방향입니다. 나 역시 다른 사람의 경계를 존중하지 않아 그에게 피해를 줄 수 있어요. 물리적 상해만이 아니라 사적인 공간이나 사생활을 무심코 침해해 상대를 불편하게 만들 수 있죠. 빌린 물건을 돌려주지 않거나, 약속을 지키지 않거나, 상대에 관해 정말 잘 알고 있는 경우 개인 정보를 과잉 공유해 상처를 줄 수도 있습니다.

경계가 없다면 어떤 일이 일어날까?

낮잠 자기 싫다고 칭얼대는 어린 두 딸을 간신히 재운 알렉스는 지친 얼굴로 잠든 딸들을 바라보았습니다. 부디 이 평화가 오래가길 빌면서요. 그러나 몇 분도 지나지 않아 초인종 소리가 울리면서 짧은 평화가 와장창 깨져버렸습니다. 알렉스는 잔뜩 인상을 찌푸렸습니다. 친구들이나 가족들은 이 시간이면 두 딸이 낮잠 자는 걸 알고 있었고 현관문에 '방해하지 마세요'라고 쪽지도 붙여놨는데, 대체 누구인지 짜증이 났습니다.

문을 열어보자 주인공은 남편 크리스의 어머니 자넷이었습니다. 자넷은 풍선과 짐 꾸러미를 한아름 품에 안은 채 서 있었습니다.

"들어오라고도 안 하니?"

땍땍거리는 자넷의 말에 알렉스도 곱게 말이 나가지 않았습니다.

"왜 하필 지금 오셨어요."

그 순간 첫째의 울음소리가 들리더니 곧 둘째도 덩달아 우는 소리가 들렸습니다. 밀린 집안일을 한 뒤 회사에 메일도 몇 통 보내려던 알렉스의 계획이 수포로 돌아가는 소리였죠. 그런 알렉스의 마음도 모르고 자넷은 사탕 봉지를 뜯으며 신나서 말했습니다.

"크리스마스 선물을 가져왔다. 이거 애들이 엄청 좋아하는 거래. 설탕도 안 들었고!"

알렉스는 울고 있는 두 딸을 토닥이며 마지못해 고맙다고 말했습니다. 하지만 불쾌한 감정은 감출 수가 없었죠. 알렉스는 아이들이 더 크기 전까진 사탕을 먹이지 않겠다고 자넷에게 이미 말한 적이 있었기 때문입니다. 자넷은 알렉스가 엄마로서 세운 규칙들을 자주 무시하거나 잊어버렸습니다. 그때마다 알렉스는 화가 났고 자존심도 상했죠. 그러나 제대로 반박하지 못했습니다. 육아는 너보다 내가 더 잘 안다고 말하는 자넷의 말이 맞는 것 같다는 생각도 들었거든요. 게다가 자넷과의 문제를 남편 크리스에게 상의하면 크리스는 자넷이 더 아는 게 많을 테니 받아들이라고 하기까지 해서 자넷에게 할 말을 잃고 말았죠.

두 시간 뒤, 자넷이 떠나고 집에는 어질러진 사탕 봉지와 장난감, 피곤해져 짜증을 부리는 두 딸, 그리고 울음을 터뜨리기 직전인 알렉스만이 남았습니다.

알렉스가 평화로운 오후를 방해받은 이유는 자넷과의 관계에서 명확한 경계가 없었기 때문입니다. 두 딸아이의 엄마로서의 알렉스는 시어머니 자넷은 물론이고 다른 모두와도 명확하게 경계를 가져야 했습니다. 어쨌든 아이들을 양육하는 건 엄마 알렉스니까 나의 기준에 따라 일정한 스케줄로 하루를 보낼 것이고, 아이들이 먹을 것도 정할 것이라 명확히 선언해야 했던 거죠. 하지만 자넷은 알렉스가 '엄마'의 책임감으로 정해놓은 경계를 명확히 인지하지 못하고 선을 넘어버린 것입니다.

호아킨 역시 경계를 명확히 설정하지 않아 직장에서 곤욕을 치렀습니다. 호아킨은 스케줄을 보고 한숨을 푹 쉬었습니다. 30분 간격으로 예약 학생 상담, 점심시간 생활 기능 수업, 방과후 직원 회의가 연달아 있었고 퇴근 후 집에 가자마자 세 남매와 조카까지 돌봐야 하는 일정이 빡빡하게 차 있었기 때문이죠.

'예약 학생 중에 딱 두 명만 아파서 취소해줬으면 좋겠다….'

잠깐 이런 생각을 했던 호아킨은 곧바로 죄책감을 느끼고 고개를 가로저었습니다. 호아킨은 남을 돕는 일을 하고 싶어 학교 사회복지사가 된 거였습니다. 심지어 예산이 깎였음에도 그가 자진해서 추가 상담까지 가능하다고 학교에 동의했죠. 사실 이 외에도 호아킨이 자발적으로 나선 일은 수두룩했습니다.

하지만 아무리 보람된 일이라도 직장에서건 집에서건 할 것 없이 서류를 잔뜩 쌓아놓고 쉴 새 없이 일하다 보면 진이 빠질 수밖에 없습니다. 게다가 요 몇 주간은 잘 시간도 부족했죠. 호아킨은 피곤해서 좋아하던 저녁 수영도 포기했습니다. 아내와 아이들과는 의무적인 시간 외엔 깊은 대화를 나누지 못했고요.

호아킨은 누가 봐도 이기적인 사람이 아니었습니다. 오히려 이타적인 사람이었죠. 그러나 자기 자신에게는 매우 혹독했습니다. 자기 몸이 과부하가 걸리는데도 남에게 헌신하느라 한정된 자신의 자원을 골고루 분배하지 못했습니다. 경계 설정이 제대로 되지 않은 대표적인 예입니다. 어쩌면 호아킨은 점점 더 흐릿해지는 경계를 넘어오는 학생들의 우울한 감정에도 책임감을 느끼며 같은 우울함에 빠져 스스로의 정서적 안전마저 잃게 될지 모릅니다.

나의 경계 정도 알아보기

아래의 체크리스트는 일관된 경계를 세우지 못할 때 생길 수 있는 부정적 영향입니다. 여러분이 겪고 있는 현상이 있다면 한번 체크해보세요. 체크한 문항이 많을수록 경계가 약한 것입니다.

- ☐ 괜히 일을 서두른다.
- ☐ 나중에 후회할 약속을 한다.
- ☐ 자기 관리를 할 시간이 없다.
- ☐ 자기 계발에 어려움을 겪는다.
- ☐ 다른 사람에게 이용당한 적이 많다.
- ☐ 다른 사람들 기분을 자주 눈치 본다.
- ☐ 원하는 것이 있어도 바로 말하지 못한다.
- ☐ 직장이나 가정에서 계속 피곤함을 느낀다.
- ☐ 사적인 질문에 왠지 대답해줘야 할 것 같다.
- ☐ 나를 위해 무언가를 할 때 죄책감을 느낀다.
- ☐ 하고 싶어서라기보다 의무적으로 일을 한다.
- ☐ 아끼는 사람들과 충분한 시간을 보내지 않는다.
- ☐ 부당한 대우를 받을 때 목소리를 높이지 않는다.
- ☐ 돈이나 물건을 빌려주고 돌려받지 못할 때가 많다.
- ☐ 거절하는 것이 두렵고 남을 실망시키고 싶지 않다.
- ☐ 물리적으로나 감정적으로 안전하지 않다고 느낀다.
- ☐ 종종 심하게 화내고 별것 아닌 일에도 격분하거나 억울해한다.
- ☐ 조직에서 자신이 남들보다 중요한 존재라고는 생각하지 않는다.
- ☐ 내 책임인 걸 알면서도 괜시리 남에게 비난을 전가한 적이 있다.
- ☐ 스스로의 가치관과 관심사를 잘 알지 못하고 목표 의식도 약하다.
- ☐ 도와줄 필요가 없는 다른 사람들을 도와주거나 일을 대신해줄 때가 많다.
- ☐ 신뢰가 쌓이기 전 개인 정보를 과도하게 공유했다가 낭패를 본 적이 있다.
- ☐ 자신이 기대하는 바를 상대에게 직접적으로 전달하지 않고 에둘러 표현한다.
- ☐ 자신이 하지 않았거나 통제할 수 없던 사건에 대해 비난을 받아도 그냥 받아들인다.
- ☐ 남의 문제를 해결해주기 위해 자신의 시간과 에너지, 돈을 소비하는 일이 자주 있다.
- ☐ 다른 사람의 사생활과 소유물, 감정, 신체를 존중하지 못하고 위해를 가한 적이 있다.

경계가 내 삶을
성장시키는 법

경계가 허술해 생기는 문제를 확실히 살펴봤으니 이제부터는 경계가 어떻게 삶을 개선하는지, 어떻게 인간관계와 건강 그리고 자존감을 향상할 수 있는지 살펴봅시다.

경계는 관계를 개선한다

혹시 경계를 명확히 그으면 다른 사람들과 너무 거리감이 생기거나 갈등이 일어나 인간관계가 망가지는 건 아닐까 걱정되나요? 사실 경계 설정을 한 초기에는 약간의 저항에 부딪힐 수 있어요. 하지만 대부분 나도, 타인도 나의 경계에 적응하게 됩니다. 그러면 나의 인간관계는 오해나 갈등이 줄어들고 더 큰 신뢰와 존중을 바탕으로 단단해지지요. 내가 원하는 것과 필요로 하는 것, 어떻게 대우받고 싶은지, 기대가 충족되지 않을 경우 어떤 행동을 취할 것인지 등을 다른 사람에게 제대로 전달하면 의사소통이 명확하고 서로 오해할 일이 적어지니까요.

여기가 중요한 포인트입니다. 서로가 서로에게 기대하는 바를 잘 알면 오해와 다툼이 줄어듭니다. 저는 10대인 제 아들에게 통금 시간을 분명히 이야기합니다. 만일 사전에 몇 시까지 들어오길 기대한다고 말하지 않아놓고 아들이 들어오자마자 늦었다며 화를 낸다면, 아들은 얼마나 혼란스러울까요? '엄마는 내게 왜 화를 내지?' 하며 이해도 못 하고 감정만 상할 뿐입니다. 우리 아들은 사실 제한선을 두는 걸 좋아하지 않습니다. 그래도 저는 적어도 밤 11시 전에는 집에 돌아오길 기대하고 있고 그것이 이 가정의 구성원으로서 아들에게 주어진 책임임을 반드시 이야기합니다.

말을 하지 않아도 친구와 가족들이 내 마음을 읽고 뭘 원하는지 알아주기를 기대하지 마세요. 어쩌면 말한다고 가족과 친구들이 반드시 기대를 충족해주리란 보장이 없다고 하소연하는 분이 있을지도 모릅니다. 그러나 보장이 없어도 명확하고 직접적인 태도를 보일 때 원하는 것과 필요한 것을 얻을 가능성이 훨씬 더 높습니다.

경계는 내 몸을 건강하게 만든다

물리적·정서적 위해로부터 우리를 보호하고 스스로를 돌보는 데 필요한 시간과 에너지, 돈을 보호해주는 경계는 자기 관리의 한 형태라 할 수 있습니다. 자기 관리의 목적은 결국 내 몸과 마음을 관리하여 삶 전체가 건강해지기 위함이죠. 즉, 우리는 경계 덕분에 건강한 몸과 정신을 얻을 수 있습니다.

가족과 크리스마스를 함께 보내려는데 야근을 시키는 상사나 원치 않는 신체 접촉을 해오는 동료에게 명확하게 경계를 긋지 않으면 정신적 고통을 받게 됩니다. 이런 정신적 고통은 내가 일하는 공간이 안전하지 않다는 느낌을 주고 결국 두통, 불면증과 같은 신체적 고통으로까지 이어집니다. 심할 경우엔 고혈압이나 심장병에도 걸릴 수 있고요.

경계는 충분히 잠을 잘 수 있게 하고, 한계를 넘어선 음주나 폭식도 예방하며, 내게 필요한 운동을 규칙적으로 할 시간과 에너지를 만드는 기초가 됩니다. 건강을 위해서라도 반드시 명확한 경계가 필요한 이유입니다.

경계는 자존감을 올려준다

용기 내서 경계를 말해보세요. 그 순간 내 안에서 무언가 바위처럼 단단한 힘이 생기는 걸 느낄 수 있습니다. 그게 바로 '자존감'이란 힘이에요. 이렇게 경계를 통해 자존감을 쌓아올리면 스스로 내가 어떤 사람인지 명확히 인식하게 되고 남이 나를 이용하거나 학대할 때 굴하지 않고 빠져나올 수 있습니다.

경계 설정은 나를 스스로 더 소중히 여기는 과정입니다. 다른 사람이 아닌 나 자신을 위해 물리적 · 정신적 건강을 지원하다 보면 자존감이 커지거든요. 우리는 스스로 가치 있는 존재이며 나의 요구가 타인의 요구만큼 중요하다는 점을 반드시 인식해야 합니다.

**경계가 바꿀
나의 삶 상상하기**

Q1. 경계를 명확히 세운다면 여러분의 삶은 어떻게 달라질까요? 일상의 한 장면을 떠올리며 구체적으로 생각해보세요.

예) 자꾸 조별 과제에서 자기가 맡은 분량을 나에게 떠넘기는 친구에게 제대로 항의한다. 내 시간과 에너지를 갉아먹는 행위라고! 그러면 남의 과제를 대신하느라 부족한 내 공부 시간을 지킬 수 있을 것이다.

Q2. 경계를 명확히 한다면 현재 자주 만나는 사람들과의 관계가 어떻게 달라질까요?

Q3. 경계를 명확히 세웠을 때 여러분의 신체적·정서적 건강은 얼마나 증진될까요?

Q4. '경계가 명확한 나'가 된다면 여러분의 자존감은 얼마나 커질까요?

1챕터를 마무리하며

새로운 것을 배울 땐 항상 처음이 가장 어렵습니다. 그러니 여기까지 잘 읽었다면 스스로를 칭찬해주세요. 1챕터에서 우리는 경계의 주요 기능 세 가지를 배웠습니다.

　첫째, 나 자신과 나의 책임을 정의한다.
　둘째, 신체적·정서적 상처로부터 보호한다.
　셋째, 가장 중요한 것에 집중함으로써 욕구를 충족시킨다.

그리고 경계가 어떻게 인간관계와 건강, 자존감을 향상할 수 있는지 등 경계의 이점도 배웠습니다.
하지만 불행히도 많은 이들이 경계에 대해 잘못된 정보를 습득합니다. 2챕터에서는 경계에 관한 근거 없는 믿음을 떨치는 시간을 가지도록 하겠습니다.

CHAPTER 02 경계를 두는 건
이기적인 게 아닌가요?

안타깝게도, 경계에 관해 잘못된 정보가 많이 떠돌아다닙니다. 어떤 것이 경계가 아닌지 명확히 구분 지을 수 있게 잘못된 정보를 바로잡아봅시다.

경계에 관한
잘못된 믿음들

경계에 관한 잘못된 믿음을 알아보는 일은 반대로 건강한 경계 설정의 타당성을 알 수 있게 도와줍니다.

내 경계를 아주 강하게 요구해도 된다?

앞서 경계가 자기 관리의 한 형태라고 말했죠? 그 말은 즉, 경계 설정의 주목적이 상대를 통제하는 게 아니라 자신을 돌보는 데 있음을 의미합니다.

경계를 설정할 때 우리는 종종 상대의 행동을 바꾸려고 합니다. 하지만 경계는 내 요구나 기대를 전달하는 방법일 뿐이지 원하는 것을 상대에게 강요하려는 시도가 아닙니다. 물론 사람은 누구나 일정 부분 통제감을 느끼고 싶어 합니다. 그건 정상이에요. 하지만 그것이 위험하거나 예측할 수 없거나 불편한 상황에서 내 기대를 강요해도 된다는 말은 아닙니다. 경계 설정을 빙자한 강요는 저항에 부딪힐 수 있고 결국 잘 안되는 게 당연해요. 문제는 이런 오해로 인해 말도 안 되는 강요를 경계란 이름으로 밀어붙이다가 계속 좌절하면 나중엔 경계 설정을 꺼리게 될 수 있다는 겁니다.

이 책을 쭉 읽다 보면, 통제할 수 있는 건 오직 자신뿐이며 다른 사람들에게 행사할 수 있는 영향력은 제한적이므로 상대를 바꾸려 하기보다 자신을 돌보는 것이 가장 좋다는 진리에 도달할 수 있습니다. 이 점을 절대 잊어선 안 돼요.

내 경계를 지키지 않으면 처벌해도 된다?

경계는 최후통첩이나 위협이 아닙니다. '감히 내가 원하는 걸 무시해?' 하며 어떻게 보복할 건지 분노해선 안 된다는 소리예요. 이는 상대를 통제하고 처벌하려는 욕망에서 비롯된 결과물입니다.

경계 위반은 최후통첩이 아닌 바람직한 결과로 귀결되어야 합니다. 최후통첩과 결과를 구분하는 건 쉽지는 않아요. 내 경계를 흐트리는 상대에게 같은 말을 해도 어떻게 하느냐에 따라 최후통첩이 될 수도 있고 경계의 결과가 될 수도 있어요. 카말의 이야기에서 그 차이점을 확인해 볼까요?

카말은 오랫동안 동료 루비로부터 무례한 취급을 받아왔습니다. 회사인데도 카말을 별명으로 부르고 카말의 억양이 독특하다고 놀려댔죠. 참을 수 없어진 카말은 자신을 보호하기 위한 경계를 설정하고 루비에게 말했습니다.

"루비, 날 자꾸 놀려대는 건 그만둬. 네가 나를 놀릴 때마다 상처받는다고. 앞으로도 날 별명으로 부르거나 비꼰다면 참지 않고 인사과에 말할 거야."

자, 카말은 바람직한 결과를 끌어내기 위해 경계 설정을 잘한 걸까요? 아니면 최후통첩을 한 것일까요?

여기엔 두 가지 경우의 수가 있습니다. 루비의 행동을 인사과에 제보하는 게 스스로를 보호하려는 의도라면 경계의 결과가 됩니다. 그러나 만일 카말의 목표가 루비를 곤경에 빠뜨리거나 두려움에 떨게 만드는 거라면 그건 최후통첩이 됩니다. 제가 카말이라면 "계속 날 비하한다면 업무 이야기 외에 사적인 대화는 일절 거절하겠어"라고 했을 거예요. 이는 상처받은 상황에서 스스로를 보호하는 방법이기에 경계의 결과가 되니까요. 물론 루비의 무례한 행동이 도를 넘어 신체적·정신적 위해를 주고 나아가 다른 인간관계까지 망가뜨린다면 더 강력하고도 단호한 수단을 썼을 거고요. 이렇게 경계는 해당 상황의 세부 사항에 따라 적절한 수순을 선택해야 합니다.

경계 대신 최후통첩을 내리게 되는 때는 보통 극도로 화가 나 이성적 판단이 불가할 때나 갑작스러운 상대의 공격에 놀랐을 때입니다. 그래서 급하게 내린 최후통첩을 나중에 후회하는 경우도 있습니다. 실제로 최후통첩은 선 넘는 행동을 막는 데 그리 효과적이지 않습니다. 오히려 관계가 아예 망가질 정도로 다투거나 서로를 해하는 극단으로 치닫게 할 뿐입니다.

**최후통첩 대신
경계 설정하기**

Q1. 최후통첩을 하거나 받은 때가 있었나요?

Q2. 어떻게 말해야 최후통첩 대신 바람직한 결과를 불러올 경계를 분명히 할 수 있을까요?

Q3. 최후통첩을 내리는 상황을 어떻게 피할 수 있을까요?

예) 자리를 벗어나 나만의 시간을 가진다. 조용한 공간에서 나 자신에게 집중한 후 상대에게 할 말을 고른다.

경계는 비열한 사람들이나 설정하는 것이다?

어떤 사람들은 경계가 비열하다고 말합니다. 이기적인 태도로 나의 욕구만을 드러내면서 그걸 자존감을 지키는 일이라고 포장한다는 거죠. 그래서 여러 갈등과 단절을 불러일으킨다고 주장합니다. 그러나 이는 잘못된 생각입니다. 경계는 본질적으로 나의 기대를 전달하고, 어떤 것이 괜찮고 또 그렇지 않은지 미리 알려서 다른 사람들과 잘 상호작용하기 위한 방법이기 때문입니다. 기계를 다룰 때도 매뉴얼을 먼저 읽어야 고장 안 내고 오래 쓰듯, 관계에 있어서도 미리 나의 선을 알려야 오해를 줄이고 직접적이고 명확한 의사소통이 가능합니다.

미국의 대중심리학자 브렌 브라운Brene Brown은 《라이징 스트롱》(2016, 이마)에서 잘 정의된 경계를 가진 사람들이 다른 사람보다 동정심이 많다는 점을 발견하고 놀랐다고 설명합니다.

"온정적인 사람들은 자신이 필요한 것을 요구합니다. 거절이 필요할 때는 싫다고 하고, 괜찮을 때는 진심으로 그렇게 말하죠. 그들은 경계를 세움으로써 분노에서 벗어나기 때문에 동정심을 가지고 있습니다."

경계는 실제로 관계를 더 이롭게 합니다. 이 사실이 잘 와닿지 않는다면, 다른 사람들이 경계를 세울 때 내가 어떻게 느꼈는지를 떠올려보세요. 상사가 바쁜 주간에는 몇 시까지 야근을 해주었으면 좋겠고 대신 바쁘지 않은 주간에 탄력적으로 이른 퇴근을 하자고 말했습니다. 여러분이 부하 직원이라면, 시간 관리와 업무에 대한 상사의 명확한 경계가 고맙지 않을까요? 말도 없이 바쁘니까 퇴근하지 말라고 하는 것보다 말이죠.

아이와 부모의 관계도 마찬가지입니다. 아이들은 부모가 명확한 경계를 설정할 때 가장 안정적으로 행동합니다. 어떤 때는 마구 달려도 잘한다고 칭찬하고 어떤 때는 뛰지 말라고 혼내면 아이가 얼마나 혼란스러울까요? 놀이터나 공원에서는 뛰어도 되지만 집이나 사람이 많은 실내에선 뛰지 말라고 해야 아이는 자기가 어떻게 행동해도 될지 잘 알 수 있습니다.

경계는 나의 요구와 기대를 전달합니다. 다른 사람에게 어떻게 대우받길 바라고 무엇이 필요한지, 또 무엇을 기대하는지를 말로 전하는 행동은 다정한 겁니다. 비열한 게 아니고요.

경계는 이기적인 행동이다?

모든 사람은 안전하다고 느끼고 자기 자신과 자신이 가진 것(재산, 시간, 에너지, 돈)을 스스로 보호할 권리가 있습니다. 경계를 통해 자신을 돌보는 건 이기적인 게 아니라 자기 보호에 해당하죠.

이기적이라는 건 자기만 생각한다는 뜻입니다. 하지만 건강한 경계는 나의 욕구와 다른 사람들의 욕구를 함께 고려합니다. 내가 할 수 있는 것과 해줄 수 있는 것을 생각하는 것 역시 경계 설정을 이루는 일부분입니다.

가끔 이타적으로 자기 행복에 무관심해야만 좋은 사람이라고 말하는 경우가 있습니다. 하지만 자신을 소홀히 하다가 지치고 병들면 괜히 딴 사람만 원망하게 됩니다. 과한 이타심이 문제가 될 때도 있는 겁니다. 그리고 아이러니하게도 우리는 자신을 잘 돌볼 때 다른 사람들에게 더 많은 걸 해줄 수 있습니다. 내 욕구를 많이 충족할수록 더 행복해지고 건강해져 인내심 강한 부모가 되고, 더 세심한 배우자가 되고, 더 포용력 있는 상사가 됩니다. 스스로를 돌보지 않을 때 생기는 피로와 짜증, 육체적 고통을 주변 사람에게 전가해본 경험을 쉽게 떠올릴 수 있을 거예요.

경계 설정은 종종 죄책감을 유발하기도 합니다. '내가 뭔가 잘못한 것 같아'라는 불안이 강하게 들죠. 특히나 배우자나 부모님처럼 아주 친밀한 관계에 있는 상대의 요구를 거절하면 상대로부터 이기적이라는 말을 듣게 되기도 합니다. 그러면 죄책감은 풍선처럼 순식간에 부풀어 오르죠. 콜린 역시 그랬습니다.

콜린은 매일 오전 6시에 체육관에 갑니다. 몇 차례 공황 발작을 일으켜 응급실에 실려 간 뒤 의사의 권유로 체육관에 다니기 시작했죠. 매일 아침 규칙적인 운동은 콜린의 불안을 많이 없애주었습니다. 공황 발작도 줄어들어 콜린은 아침 운동을 언제나 스케줄 가장 첫 순위에 두었습니다.

어느 날, 아버지가 콜린에게 아침 6시 15분에 공항에 가야 하니 운전을 해달라고 부탁을 해왔습니다. 콜린은 그 어떤 일보다도 아침 운동을 우선순위에 두었기 때문에 이를 거절했죠. 아버지는 짜증스러운 말투로 콜린이 설정한 경계 너머에서 이렇게 말했습니다.

"고작 운전 좀 해달라는데 너는 뭐가 그렇게 귀찮아? 이 아비보다 운동이 중요해? 이기적인 녀석!"

누군가에게 이기적이란 말을 들으면 기분이 어떨까요? 대개는 수치심을 느낍니다. 이렇게 수치심을 주는 행위에는 상대를 통제하고자 하는 의도가 담겨 있습니다. 콜린의 아버지 역시 콜린이 체육관에 가는 것이 이기적이라고 지적하여 콜린이 자기 부탁을 들어주게끔 죄책감을 심어주려 한 것입니다.

다행히 콜린은 아버지와 자신의 욕구를 비교하여 잘 생각해보았고 그 결과 운동이 더 중요하다고 결론 내렸습니다. 이기적으로 구는 건 콜린이 아니라 그의 아버지이니까요.

여러 인물 사이에서 각자의 욕구가 경쟁하는 상황에서는 이기적이라는 단어를 아예 피해야 합니다. 대신 각자의 주장이 타당한지 검토해야 합니다. 어느 한 사람의 욕구가 다른 사람의 욕구보다 더 중요하지 않다는 걸 상기하면서 말입니다.

경계가 이기적이라는 느낌이 좀처럼 사그라들지 않는다면 새로운 사고방식을 강화하기 위해 확언을 사용할 수 있습니다. 확언은 자신을 돌볼 권리와 책임을 단호하게 말하고 자기 욕구와 원하는 것을 소중히 여기는 문장을 말합니다. 앞서 콜린의 상황에서, 콜린이 사용할 수 있는 확언은 이런 것들이겠죠.

"나 자신의 욕구에 우선순위를 두어도 괜찮다."
"아버지가 그런 기분을 느끼는 건 내 탓이 아니다."
"규칙적인 운동 계획을 유지하는 건 이기적인 게 아니라 건전한 것이다."

경계가 이기적이라는 생각 버리기

Q1. 경계를 설정하려 했지만 스스로가 이기적인 것 같아 포기했던 때가 있나요? 어떤 일이 있었는지 기억해보세요.

예) 저녁 식사는 항상 같이해야 한다는 부모님만의 규칙이 있는데, 중요한 자격증 시험이 다가오면서 공부 시간을 늘리고 공부 루틴을 잡기 위해 저녁 식사를 따로 하겠다고 말씀드렸다. 그때 부모님은 실망한 얼굴을 하셨고 나는 그게 가족의 평화를 깬 것 같아 스스로가 이기적이라고 느꼈다. 이후 공부를 하다가도 저녁은 집에서 먹는 걸로 내가 한발 물러섰다.

Q2. 답변한 상황에서 이기적인 선택과 이타적인 선택은 각각 무엇일까요? 그 사이의 중간은 없을까요?

Q3. 경계 설정에 머뭇거리는 나를 위한 확언을 써보고 소리 내어 말해봅시다.

경계는 고정되어 있다?

경계는 고정하지 말고 유연하게 설정해야 합니다. 모든 상황이나 사람에게 같은 경계를 설정할 순 없으니까요. 가장 효과적인 경계는 여러 상황과 관계에 따라, 또 변화하는 나의 욕구에 따라 유연하게 바뀌며 무엇이 효과가 있고 없는지를 계속해서 반영해 조정되어야 합니다.

너무 경직된 경계는 오히려 여러분을 고립시킬 수 있어요. 3미터가 넘는 거대한 시멘트 벽에 둘러싸여 있다고 생각해볼까요. 외부의 위협에선 안전하겠지만 다른 사람이 들어오거나 내가 나가기에 자유롭지 않습니다.

주로 신체적으로나 감정적으로 상처받았을 때 이런 과도한 경계를 만들어 고정하곤 합니다. 안전하다고 느끼기 위해 자신을 가두어버리는 거죠. 누구도 나의 선 안으로 들이지 않고 욕구도 전달하지 않게 됩니다.

우리는 필요에 따라 경계를 더 튼튼하게 보수할 수 있고, 때론 한쪽을 열어두어 믿을 만한 사람을 판별해 내 삶에 받아들일 수 있습니다. 유연한 경계는 열고 닫는 문과 같습니다. 단, 여러분이 문지기가 되는 겁니다.

다음 표는 경계의 정도에 따른 감정과 관계 변화를 정리한 것입니다. 여기서 우리의 목표는 서로 존중하는 관계를 만들기 위한 '유연한 경계'입니다.

· 경계의 유연함이 나의 감정과 관계를 어떻게 바꿀까? ·

	약하거나 아예 없는 경계	유연하거나 정상적인 경계	경직되었거나 지나치게 엄격한 경계
내가 느끼는 것	작은 자극에도 불안해지고 흔들림	안전함을 느끼며 다른 사람과도 잘 연결된 기분	고립감
다른 사람이 나를 대하는 법	다른 사람이 나를 상처 줄 것 같아 두려움	다른 사람이 나를 존중하며 그런 상대와 기분 좋게 연결된 기분	다른 사람이 나에게 접근하거나 연결될 수 없다는 거부감이 있음
내가 다른 사람을 대하는 법	내가 다른 사람을 상처 줄 것 같아 죄책감을 느낌	다른 사람을 존중하며 그들을 기분 좋게 해주는 여유로움이 있음	다른 사람에게 접근하거나 연결되는 데 거부감을 느낌

물론 유연한다고 해도 여전히 나의 경계는 명확해야 합니다. 원하는 바를 분명히 전달할 수 있어야 해요. 또한 상황과 사람에 따라, 또는 같은 사람이라도 여러 다른 경계를 설정해도 됩니다. 배우자에게 스킨십을 많이 요구하지만 공공장소가 아닌 사적인 장소에서만 해주길 요구하는 것도 유연한 경계에 해당합니다.

나의 경계 유연성
알아보기

Q1. 여러분의 경계는 경직되어 있나요, 아니면 약한 편인가요?

Q2. 여러분의 일상 중에서 유연한 경계가 도움이 되는 상황을 찾아보세요.

> 예) 자꾸만 술자리에 불러내는 동아리 선배의 부름에 나의 스케줄을 생각하고 다음 날 일정에 부담이 되지 않는 선에서는 받아들인다. 여러 사람과의 사회적 교류도 내겐 중요하고, 개인적인 학업 및 개인 일정을 밀리지 않는 것도 중요하니까.

경계에 관한
인식 바꾸기

다음은 무엇이 경계고 경계가 아닌지 요약한 표입니다. 이 표를 활용하면 경계에 관한 잘못된 인식을 해결하는 동시에 경계가 유용하고 필요한 개념이라는 점을 알 수 있어요.

경계	경계가 아닌 것
충분히 생각했고 명확하며 직접적이다	충동적이거나 민감하다
필요하거나 원하는 것을 표현하는 문장이나 행동이다	타인을 통제하거나 처벌하려는 시도이다
나의 건강이나 안전, 내가 가진 걸 보호하려는 목적에서의 제한 사항이다	최후통첩 또는 위협이다
친절한 태도다	잔소리, 비판 또는 무례함이다
자기 관리의 한 측면이다	이기적인 태도이다
안전하다고 느끼는 선택이다	다른 사람의 선택 또는 자유를 제한하려는 시도다

2챕터를 마무리하며

2챕터에서는 경계에 대한 몇 가지 근거 없는 믿음을 정면 돌파해보았습니다. 이 책을 읽으면서 여러분은 경계 설정이 자신이 원하는 걸 얻고자 상대에게 요구하는 게 아니라는 점을 반복해 인지할 거예요. 경계는 자신을 명확하게 표현하고 필요한 것을 알리며, 또 행복을 선택하는 일입니다. 그럼 지금부터는 경계 설정을 어렵게 하는 몇 가지 걸림돌을 파악해 하나씩 없애보겠습니다.

CHAPTER 03

왜 나는 경계를 만드는 게 어려울까요?

경계가 삶에 유익하다는 걸 아는 사람이든, 모르는 사람이든 경계를 설정하는 게 어렵다는 건 다 알고 있습니다. 왜 그럴까요? 3챕터에서는 경계 설정의 네 가지 걸림돌과 이를 극복하는 법을 알아보겠습니다.

경계에 대해
배운 적이 없다

우리는 자라는 동안 다른 사람이 경계를 설정하여 자신의 욕구를 충족시키는 모습을 본 적이 별로 없습니다. 경계 설정 방법을 배우지도 않았고 이를 배우라는 조언조차 듣기 힘들었죠.

우리는 주로 부모님이나 친구, 직장 동료, 책과 영화에 나오는 가상 인물들을 보면서 경계에 대해 어렴풋이 알아갑니다. 특히 감수성이 예민한 사춘기에는 많은 시간을 함께 보내는 부모님이나 또래 친구가 가장 큰 영향을 미치죠. 작디작은 본보기를 보며 필요한 것을 갈등 없이 요구하는 법을 스스로 터득해야 하는 환경인 겁니다.

경계 설정 방법도 요리나 운전처럼 일종의 기술입니다. 그래서 경계를 설정하는 방법을 아무도 가르쳐주지 않고 연습할 기회도 없으면 영원히 알 수가 없습니다. 계속 미숙한 인간관계 속에 고통받을 뿐이죠.

나의 경계
롤모델 찾기

Q1. 살면서 보아온 사람 중에 건강한 경계의 모델이 있었나요? (잘 떠오르지 않는다면 책이나 드라마에 나오는 캐릭터도 좋습니다) 기억나는 상황을 떠올려 어땠는지 묘사해보세요.

Q2. 반대로 건강하지 않은 경계를 보여준 사람이 있었나요?

경계가 부족한 가정에서 벌어지는 일

'제대로 기능하지 않는 가족'은 가족 구성원에게 부정적인 영향을 미치는 만성적인 문제(중독, 분노 및 행동 조절의 어려움, 공감 부족, 빈곤한 경계 등)가 있는 가정을 일컫는 용어입니다. 이런 가족은 사실 드물지 않아요. 어떤 가족도 완벽하게 기능하지 않으며 불행하게도 많은 사람이 신체적·정서적 건강을 심각하게 해치는 가정 속에서 살고 있죠.

의사소통 문제는 이런 가족들이 가장 어려움을 겪는 부분입니다. 건강한 경계에 필요한 적극적인 의사소통은 하나도 없고 너무 경직되었거나 약한 경계에 따른 최후통첩만이 난무하죠. 그래서 공격적이거나(냉혹하고 무례함) 수동적이거나(감정이나 어려운 주제에 관해 이야기하는 것을 회피함), 수동적 공격성(문제점을 직접적으로 명시하지 않고 분노를 표출함)을 띠는 의사소통이 주를 이루게 됩니다.

경직된 경계의 가정

경직된 경계를 설정한 부모는 고집스러운 규칙과 그에 따른 가혹한 상벌을 가지고 있습니다. 이런 부모는 어떤 상황이든 상관없이 자신들의 규칙을 자녀에게 적용하려 합니다. 세 살배기에게 가만히 오랫동안 앉아 있기를 요구하거나 독립된 시간이 필요한 10대 자녀에게 사사건건 보고하길 요구하죠. 경직된 경계를 가진 부모는 자신들이 정한 규칙에 예외를 두지 않습니다. 몸이 아픈 바람에 성적이 다소 떨어졌어도 "네가 더 열심히 했어야지!"라고 윽박지르면서 그게 전혀 잘못된 걸 모르는 겁니다. 이처럼 경직된 경계는 부모와 자녀 사이에 큰 장벽을 세

옵니다. 서로 말도 안 통하고 감정적 교류도 쉽지 않아집니다. 이렇게 경직된 경계를 설정하는 부모들은 대개 사람의 감정을 알아차리고 보듬어주는 데 능숙하지 않습니다. 그래서 자녀의 욕구와 감정을 깊이 생각하려 하지 않고 공감 능력도 부족할 수 있습니다.

경계가 경직된 가정에서 자란 아이는 외부의 요구에 부응하는 데 적응하여 결국 자기 정체성과 개성을 탐구할 기회를 잃어버립니다. 또 다른 사람과의 사이에서 제한선을 정하거나 자신에게 무엇이 필요한지 생각해볼 기회도 없죠. 그래서 어른이 되어도 잠자리 시간이나 통금 시간 등 스스로 무언가를 제한하는 일에 어려움을 겪게 됩니다. 외부인을 가족 안으로 받아들이는 데도 서투릅니다. 경직된 경계의 부모들은 자녀의 연인이나 선생님, 이웃, 교회 목사님 등 살아가며 만나는 중요한 외부인들을 따스히 환영하지 않고 불신합니다. 자녀와 가정을 보호할 필요가 없는 외부인들에게도 필요 이상으로 경직된 경계를 설정하죠. 자녀들은 자연스럽게 가족 밖에서 다양한 인간관계를 만들어가는 데 어려움을 겪을 수밖에 없습니다. 가족 간의 유대가 다른 모든 관계보다 중요하다는 강한 신념이 생기기 때문입니다.

살아가며 만나는 모든 사람을 위협의 대상으로 대하면 결국 누가 신뢰할 만한 사람이고 안전한 사람인지 스스로 결정할 수 없습니다. 세상을 흑백이나 선악, 믿음직한 사람이나 위협이 되는 약탈자, 친구 아니면 적이라는 이분법적 시선으로 바라보게 되죠. 그렇게 관계를 맺을 때 늘 융통성이 떨어진다면 결국 경직된 경계를 대물림하게 됩니다.

약한 경계의 가정

경계가 약하거나 아예 없는 가정은 아이들의 안정을 지켜주는 연령에 맞는 규칙이나 제한이 없기 때문에 안전하지 않습니다. 두 살배기가 차도로 달려 나가고 일곱 살 꼬마가 체할 때까지 쿠키를 먹어버리는 사고가 이런 가정에서 일어나는 겁니다. 심각한 경우엔 가족 안팎의 못된 사람들에게 아이가 신체적·정서적·성적 학대를 받는 끔찍한 일이 벌어질 수도 있어요.

경계가 약한 가족은 서로의 기대가 명확하지 않아 비난의 수위가 높은 것도 특징입니다. 아이 스스로 통제할 수 없는 일 때문에 아이를 비난하는 이상한 일이 일어나죠. 부모가 두통 때문에 예민하다며 관심을 요구하는 아이를 방치하는 경우도 그렇습니다. 아이가 부모의 두통을 어떻게 통제할 수 있을까요?

뿐만 아니라 약한 경계는 다른 사람과의 관계에서 정서적 분리를 잘 못 하게 만듭니다. 그래서 경계가 약한 가정에서 아이는 자신 또한 부모님처럼 생각해야 한다는 기대로 인해 자신만의 개성을 잃기 쉽습니다. 때론 부모의 성생활이나 재정적 문제처럼 아이가 현재 알지 않아도 되는 과도한 정보를 부적절하게 공유하여 아이에게 죄책감을 심어줄 수도 있죠.

경계가 약한 가정에서는 주로 '경계는 이기적이고 비열한 것'이라 여깁니다. 아이는 이런 생각을 체득하고 다른 사람들의 행복을 위해 나의 욕구와 이익을 희생해야 된다고 느끼죠. 자연히 자존감이 떨어집니다. 다른 사람들의 감정과 선택에 책임을 느껴 꼭 도와줘야만 한다는 과도한 책임감에 힘겨워하기도 하고요.

경계가 약한 가정에서 자란 이들은 부모가 자신을 안전하게 지켜줄 거라는 믿음이 없습니다. 가장 가까운 존재에 대한 불신은 세상을 예측할 수 없고 무서운 대상으로 인식하는 결과를 낳죠. 혹은 어른이 되면 오직 나만이 스스로를 안전하게 지킬 수 있다고 강박에 가까운 신념을 갖게 될지도 모릅니다. 또한 누가 무엇을 책임져야 하는지에 대해서도 혼란을 느끼죠. 내가 만든 쓰레기를 남에게 떠넘기는 무책임부터 양육 책임을 모른 척한 부모 대신 어린아이가 스스로 밥을 차려 먹고 모든 일을 스스로 하면서 느끼는 과다 책임까지 다양한 문제를 겪게 됩니다.

우리 집 경계 정도
생각해보기

Q1. 어린 시절, 여러분의 가정은 경계가 엄격했나요? 아니면 약했나요? 경계와 규칙이 일관적이었는지도 판단해보세요.

Q2. 어린 시절 경험한 가정의 경계가 현재 여러분의 경계 설정을 방해한다고 생각하나요? (이를테면, 의사소통 방식, 자존감 문제, 안전하다는 느낌, 타인 신뢰 문제 등)

경계 설정
자체가 두렵다

내담자분들에게 경계 설정이 어려운 이유를 물어보면 가장 흔하게 듣는 답이 두렵다는 것입니다. 내 경계를 다른 사람이 별것 아닌 것으로 치부할까 봐 또는 화를 낼까 봐 두렵고, 내가 한 경계 설정이 맞는 건지도 잘 몰라서 두렵다고 말하죠.

나의 경계 두려움 알아보기

여러분도 경계 설정에 두려움이 있나요? 내가 극심한 공포를 느끼는 상황을 체크하여 경계 설정에 관해 어떤 두려움을 느끼고 있는지 확인해보세요. 체크한 문항이 많을수록 경계를 설정하는 데 두려움이 큰 것입니다. 그러나 경계를 긋는 일에 두려움을 갖는 건 흔한 일이고 충분히 이해할 수 있는 일입니다. 두려움 정도를 체크한 후, 내가 가진 두려움을 인정하고 그 두려움의 원인이 뭔지 정확히 알아보는 단계로 나아가세요.

- ☐ 오해받는 상황
- ☐ 굴복하게 되는 상황
- ☐ 누군가를 실망시키는 상황
- ☐ 없는 사람처럼 무시당하는 상황
- ☐ 신체적 학대, 고통을 느끼는 상황
- ☐ 누군가의 감정을 상하게 하는 상황
- ☐ 다른 사람과 갈등을 겪거나 다투는 상황
- ☐ 비판받거나 의견이 진지하게 받아들여지지 않는 상황
- ☐ 손절 당하는 상황(거부당하거나 상대가 나를 포기하는 상황)
- ☐ 사랑하는 사람이 날 신경 쓰지 않는다는 것을 깨닫는 상황

두려움이 정말 두려움인 건 아니다

우리가 느끼는 두려움이 사실 두려움이 아닐 수도 있다는 것, 아시나요? 두려움은 종종 오해 또는 심리학자들이 인지 왜곡이라고 부르는 것에서 초래됩니다. 인간은 긍정적인 경험보다 부정적인 경험을 더 잘 기억하고 부정적 결과의 가능성을 과대평가하는 경향이 있기 때문입니다. 이러한 성향은 실제 위험 상황에 직면했을 때는 유용하지만 경계를 설정하는 데는 걸림돌이 될 수 있습니다.

만약 아버지와의 관계에서 경계를 설정하려 할 때마다 "네가 뭘 알아?"라고 윽박지르는 반응만을 돌려받았다면, 그의 자녀는 모든 사람과의 사이에서 경계를 설정하는 데 소심해질 수 있어요. 이성적으로는 경계를 설정하려 할 때 모든 사람이 화를 내지는 않는다는 걸 알아도, 두려움은 이런 논리를 무너뜨리고 최대한 안전하게 행동하도록 스스로를 설득합니다.

두려운 감정을 이성적으로 바라보고 그 감정이 정확한지, 도움이 되는지 판단할 수 있어야 합니다. 그러기 위해서는 사고 안에서 일어나는 인지적 왜곡을 찾아야 합니다. 모든 사람은 왜곡된 생각을 합니다. 다음은 앨버트 엘리스$^{Albert Ellis}$와 애런 벡$^{Aaron Beck}$, 데이비드 번스$^{David Burns}$의 연구에 기초한, 가장 널리 알려진 인지 왜곡들입니다.

- 장점 깎아내리기: 부정적인 것에만 집중하고 내게 일어난 좋은 일은 최소화하거나 무시한다. "친구들은 내가 전보다 더 적극적으로 변했다고 칭찬하는데 내가 보기에는 아무런 진전이 없는 것 같아."

- 지나친 일반화: 모든 상황에 하나의 경험을 적용한다. "난 되는 게 하나도 없어."
- 모 아니면 도로 생각하기: 모든 걸 극단적으로 생각한다. 중간이 없다. "다 내 경계를 무시하는 것 같아."
- 다른 사람 마음 넘겨짚기: 다른 사람들도 나와 같은 생각을 하고 있다고 여긴다. "여기 모인 사람들 모두 날 싫어할 거야."
- 이중 잣대: 다른 사람들보다 자신에게 더 높은 잣대를 요구한다. "넌 그래도 괜찮지만 난 그러면 안 돼. 언제든 네가 날 필요로 할 땐 달려갈 거야."
- 최악의 상황 상상하기: 가장 안 좋은 경우만 상상한다. "만약 남자 친구에게 담배 끊으라고 하면 헤어지자고 하겠지?"
- 꼬리표 붙이기: 자신을 부정적으로 낙인찍는다. "난 이기적인 사람이야."
- 막연한 망상: 더 날씬해지고 더 부유해지며 새로운 직업을 갖게 되는 등 근거 없이 모든 상황이 좋아질 거라고 생각한다. "이사만 하면 애들 성적도 오를 거야."
- 심한 자기 강요: 자신이 무얼 해야 하는지 스스로 강요하고 비판한다. "난 아무도 실망시켜선 안 돼, 절대."

인지 왜곡의 유형들에서 보듯 인지 왜곡에서는 '아무도, 누구도, 모든, 모두, 다, 항상, 언제든, 절대, ~해야 한다, 꼭, 반드시'라는 말을 자주 사용합니다. 이런 단어가 들어가는 생각을 자주 한다면 인지 왜곡에서 오는 두려움을 주의해야 합니다.

두려움 정체 파악하기

만약 두려움이 경계 설정을 방해했다면 그 두려움에 도전해봅시다. 우선 두려움의 정체를 파악해볼까요?

Q1. 어떤 두려움이 있나요? 질문의 빈칸에 답해보세요.

　　내가 경계를 설정하면 ＿＿＿＿＿＿＿＿.

　　예) 내가 경계를 설정하면 모두가 나를 싫어할 거야.

Q2. 강한 두려움에 가려진 진짜 생각을 확인하세요.

　　나는 ＿＿＿＿＿＿＿라고 생각한다

　　예) 나는 대부분의 사람들이 날 좋아하지 않는다고 생각한다.

Q3. 인지 왜곡을 구분하세요.

　　예) 모 아니면 도라는 극단적 사고방식, 다른 사람의 마음 넘겨짚기, 최악의 상황 상상하기

두려움 인정하고 극복하기

일단 인지 왜곡을 깨달으면 이를 바꿀 수 있습니다. 다음 질문이 유용할 거예요.

Q1. 두려움을 뒷받침하는 증거(실제 증거, 주변의 증언)가 있나요? 증거가 있다면 적어보고 없다면 이 두려움이 성급한 일반화는 아닌지 고심해보세요.

Q2. 두려움을 갖게 한 상황에 영향을 준 사람이 있나요? 아니면 혼자만의 생각으로 만든 두려움인가요?

Q3. 두려움에 대한 반대 증거가 있나요?

예) 나는 주관이 뚜렷해서 다른 사람들로부터 매정하다는 평가를 받는다는 두려움이 있다. 그러나 회사에서는 주관이 뚜렷한 나를 오히려 같이 일하기 좋은 동료로 평가한다. 대학 때 기숙사 룸메이트와도 아주 친하진 않아도 무리 없이 잘 지냈다.

Q4. 두려움을 인정하고 이를 힘이 되는 문장으로 다시 써보세요.

예) 내가 명확하게 욕구를 말할 때 다른 사람이 화를 낼 수 있다. 그러나 내가 남의 경계를 존중하면 그도 언젠가는 내 경계를 존중해줄 것이다.

경계를 두면
죄책감이 느껴진다

　　　　　죄책감은 뭔가 잘못했다는 감정입니다. 경계 설정에 죄책감을 느끼는 이유는 자신을 보호할 권리, 싫다고 말할 권리, 자신만의 생각을 가질 권리, 뭔가를 요구할 권리가 없다고 생각하기 때문이죠. 이러한 생각은 다른 사람의 권리와 요구가 내 것보다 더 중요하다고 여기는 불평등한 관계에 기초합니다.

　경계 설정에 애를 먹고 있다면 자신이 대우받을 자격이 없다고 생각하거나, 자신의 욕구나 감정이 다른 사람의 것보다 차순위에 있다고 생각하거나, 뭔가를 요구해서는 안 된다고 생각하거나, 뭔가를 요구해도 무시당하거나 수치스러워질 거라고 생각하기 때문일 수 있습니다. 또는 특정 사람들이 다른 사람들보다 더 중요한 존재라는 메시지를 직간접적으로 받아 이로 인해 경계 설정에 실패하기도 합니다.

나의 경계 설정 죄책감 확인하기

다음 항목들은 경계 설정에 죄책감을 느끼게 하는 몇 가지 믿음들입니다. 해당하는 항목에 체크해보세요. 체크한 문항이 많을수록 과도한 죄책감을 느끼고 있다는 뜻입니다.

- ☐ 이타적인 성격은 장점이야.
- ☐ 난 필요한 것도, 원하는 것도 없어.
- ☐ 내가 뭘 원하는지는 중요하지 않아.
- ☐ 싫다고 말하는 건 무례한 행동이야.
- ☐ 내 욕구를 생각하는 건 이기적이야.
- ☐ 다른 사람들을 돌보는 건 내 책임이야.
- ☐ 항상 나 자신보다 다른 사람을 우선시해야 해.
- ☐ 정말 필요하거나 원하는 게 있어도 요구하면 안 돼.
- ☐ 내 생각은 나 혼자만 알고 있어야 해. 아무도 듣고 싶어 하지 않으니까.

일상생활에서의 개인권

우리는 모두 개인권이 있습니다. 이는 개인의 신체나 명예, 자유 등을 보호받을 권리를 말하며 우리 모두 너나없이 중요한 존재임을 뜻합니다. 믿기 어려울지도 모르겠어요. 부모님이나 종교적인 가르침, 내가 살아온 문화에서 배워온 것과 매우 다른 이야기일 수도 있으니까요. 어떤 분들껜 일종의 도전이 필요한 메시지이기도 할 겁니다. 하지만 개인권은 자기 자신을 사랑과 존중의 마음으로 대하고 다른 사람들에게도 그런 마음을 똑같이 요구할 수 있다는 증거입니다.

어떤 사람들은 개인권이 이기적인 태도를 용납하게 하고 다른 사람을 통제하는 수단이 될까 봐 이 개념을 반대합니다. 그러나 개인권의 전제는 내 권리가 '다른 사람들만큼 중요하다'는 것이지 절대 '다른 사람들 권리보다 더 중요하다'는 게 아닙니다. 이 세상을 살아가는 구성원으로서 다른 사람의 요구와 선호를 고려하며, 동시에 다른 사람이 내 요구를 대신하지 않도록 하는 것이죠. 개인권은 관계를 균형 있게 바로잡을 때 유용합니다.

나의 개인권 말하기

다음은 개인권 중 몇 가지 예를 들어본 것입니다. 이 책을 다 읽고 경계 설정에 대한 명확한 개념이 선 후에 여러분만의 개인권 문장을 더해봐도 좋습니다.

"나는 쉴 권리가 있다."
"나는 거절할 권리가 있다."
"나는 내 마음을 바꿀 권리가 있다."
"나는 내 목표를 추구할 권리가 있다."
"나는 사생활을 보호받을 권리가 있다."
"나는 행복과 즐거움을 누릴 권리가 있다."
"나는 신체적·정서적으로 안전할 권리가 있다."
"나는 존중받고 친절하게 대우받을 권리가 있다."
"나는 내게 가장 유리한 결정을 내릴 권리가 있다."
"나는 내 소유물을 공유하거나 공유하지 않을 권리가 있다."
"나는 나만의 생각, 감정, 가치관, 신념을 가질 권리가 있다."
"나는 내게 부정적이거나 상처 주는 사람들과 관계를 끝낼 권리가 있다."

"나는 _____ 할 권리가 있다."

개인권에 대한
나의 인식 확립하기

Q1. 앞서 소개한 개인권 관련 문장 중 받아들이기 어려운 게 있었나요? 왜 받아들이기 힘들었나요?

Q2. Q1에서 언급한 개인권이 여러분에게 당연히 있음을 말해보는 연습을 합시다. 친구에게 해주는 말이라고 생각해도 돼요. 자신에게 친절하게 말하는 건 자기 비하적 생각을 줄여줍니다.

예) 내 마음을 바꿀 권리가 없는 것 같다고? 아니. 나는 내 마음의 주인이다. 그리고 상황은 언제나 변한다. 도전을 마음먹었더라도 바뀐 상황이 내게 상처를 주거나 위해가 되는 것이라면 마음을 바꿔 포기해도 된다. 그건 나약한 게 아니니까.

| 일상 속 개인권 찾기 | 개인권에 관한 자부심과 자신감을 쌓기 위해 각 개인권이 삶에서 어떤 모습으로 나타나는지 찾아봅시다. |

개인권	이 개인권은 내 일상생활에서 어떻게 나타나는가?
예) 나는 내 사생활에 관한 권리가 있다.	– 누구도 내 허락 없이 내 휴대폰 메신저를 감시할 수 없다. – 아무리 부모님이라도 내 방문을 노크 없이 열어서는 안 된다.

나에 대해 정확히
모르고 있다

여러분은 자기 이해가 얼마나 잘되어 있나요? 경계 설정에 있어 뚜렷한 자기 이해와 자기 욕구 이해는 필수입니다. 앞서 살펴본 개인권도 우리 각자의 자기 이해와 선호도에 기초해 행사할 수 있어요.

경계는 모든 사람이 서로 100센티미터 정도 거리를 두고 떨어져 앉아야 한다는 것이 아닙니다. 특정 사람들과 특정 상황에서는 100센티미터보다 더 가까이 앉을 수도 있고, 다른 상황에서는 더 먼 거리를 두고 싶어 할 수도 있는 거예요. 그러나 내가 원하는 게 뭔지 모른다면 나를 위한 가장 좋은 거리가 어느 정도인지 설정할 수 없어요. 또 자신에게 중요한 게 무엇인지 모르면 경계를 설정해 보호할 수도 없습니다. 모든 상황에 늘 같은 경계를 설정하거나 아예 경계가 없는 삶을 살게 되는 것이죠.

경계가 경직되었거나 약한 가정의 아이들은 자라면서 부모로부터 정서적·육체적으로 분리되는 시기를 놓칠 수 있습니다. 그러면 아이들의 자존감이 부모 또는 다른 사람들을 기쁘게 하는 것에 좌우되는 결과를 낳습니다. 자존감이 강하지 않으면 스스로를 좋은 사람으로 느끼기 위해 다른 사람의 인정에 의존하게 되거든요. 당연히 경계를 설정하는 일이 어려워지고요.

나를 어떻게 알아갈까

경계에 문제가 있는 가정에서 자랐다면, 좋아하는 것을 탐색하거나 가족 구성원과 다른 의견을 표현하거나 새로운 일에 도전해본 적이 적을 겁니다. 또 스스로가 가치 있는 존재라고 느껴본 적도 없을 것이며 자신의 감정과 신체 감각적 욕구에 집중하는 법도 배우지 못했을 거예요. 부모가 자녀 스스로 욕구를 적절히 알아차리고 충족하도록 두지 않았으니 자녀는 무의식적으로 자신의 욕구가 중요하지 않다고 생각하게 되었기 때문입니다.

나를 알아가기

자존감과 자기 이해 개념을 쌓으려면 꾸준한 노력이 필요합니다. 짧은 시간에 이룰 수 있는 일이 아니죠. 다음 질문에 대답하며 이 과정을 시작해보세요.

Q1. 당신의 단기 목표 또는 장기 목표는 무엇인가요?

Q2. 어떤 일이 있어도 믿는 것은 무엇인가요?

Q3. 가장 위안을 주거나 안전함을 느끼는 장소는 어디인가요?

Q4. 어떤 일을 할 때 가장 집중하고 열정을 느끼나요?

Q5. 뭔가를 배울 때 어떤 방식이 가장 효율적인가요? (직접 해보기, 보기, 듣기, 읽기 등)

Q6. 어떨 때 존중받거나 사랑받는다고 느끼나요?

나를 알게 하는 일지 쓰기

매일 좋았던 것과 싫었던 것을 기록해보세요. 나의 성향과 선호하는 것, 욕구에 관해 더 많이 알 수 있고 삶의 만족도도 높여줄 거예요.

날짜	좋았던 것	싫었던 것
예) X월 X일	– 아침 일찍 일어나 한산한 거리를 걸은 일 – 율리아와의 커피 타임	– 쓸데없이 길었던 회의 시간 – 내 일에 사사건건 참견하는 메리

자존감 형성을 위한 방법들

- 달성 가능한 목표를 설정한다.
- 성공한 것들에 관해 적어본다.
- 장점을 찾아 활용할 방법을 찾는다.
- 친구나 동물을 위해 좋은 일을 한다.
- 다른 사람과 자신을 비교하지 않는다.
- 통제하거나 바꿀 수 있는 것에 집중한다.
- 좋아하는 것들을 하며 자신만의 시간을 보낸다.
- 스스로에게 다정한 말투로 좋은 말을 많이 해준다.
- 실수했을 땐 우선 용서한 뒤 실수를 적극적으로 수습한다.
- 건강한 음식을 먹고 규칙적으로 운동하며 건강을 관리한다.
- 매일 긍정적인 기운을 불어넣어 주거나 영감을 주는 격언을 읽는다.

욕구는 어떻게 파악할까

불행히도 많은 사람이 자기 욕구를 알지 못하거나, 알아도 모른 척합니다. 그러나 누차 말했듯, 효과적인 경계 설정을 위해서는 자기 욕구를 더 잘 인식하고 받아들여야 합니다.

자기 욕구에 관해 생각할 때 다음 두 가지 사실을 기억하는 게 중요합니다.

1. 누구나 욕구가 있으며, 욕구가 있다고 해서 '부족한 사람'이 되는 게 아니다.
2. 자기 욕구를 충족시키는 건 건강과 행복을 위해 필요한 일이지 이기적인 행동이 아니다.

내게 중요한 욕구 파악하기

Q1. 다음은 보편적인 인간의 욕구들입니다. 각 욕구들 중 내게 좀 더 필요하다고 생각되는 것에 동그라미 쳐보세요. 평소 내게 모자라다고 느꼈거나 개인적인 가치에 따랐을 때 가장 중요하다고 생각되는 욕구를 찾는 거예요.

신체적 · 정서적 안전	존중받기	감사받기	사랑받기
이해받기	신뢰받기	친절한 태도	도움 또는 지원받기
신체적 접촉	사람들과의 관계	사생활, 혼자만의 시간	즐거움 또는 색다름
창의적 활동	도전	재미	충분한 음식
안락한 집	휴식과 잠	독립성 또는 자율성	영적 연결

3챕터를 마무리하며

3챕터에서는 경계 설정에 공통적으로 나타나는 네 가지 걸림돌을 살펴보았습니다. 첫째는 건전한 경계에 관해 가르쳐주는 사람이 없거나 건전한 경계 모델을 접하지 못한 것이었고, 둘째는 두려움, 셋째는 죄책감, 그리고 마지막 넷째는 자신이나 자신에게 뭐가 필요한지 모르는 것이었습니다.

우리는 어린 시절 보고 배운 가정의 경계가 어른이 되었을 때 어떤 영향을 미치는지도 이제 알고 있습니다. 또한 경계 설정에 드리워진 막연한 두려움을 극복하고 개인권에 대해서도 명확히 이해했습니다. 전보다 조금 더, 스스로에 대한 인식과 자존감이 올라간 것을 느꼈나요?

지금까지 거쳐온 과정은 효과적인 경계 설정법을 배우는 기반이 되었습니다. 이제 본격적으로 경계를 설정해볼까요?

PART 2

선 넘는 사람들을 효과적으로 대처하는 법

"이제 그만, 더는 넘어오지 마세요"

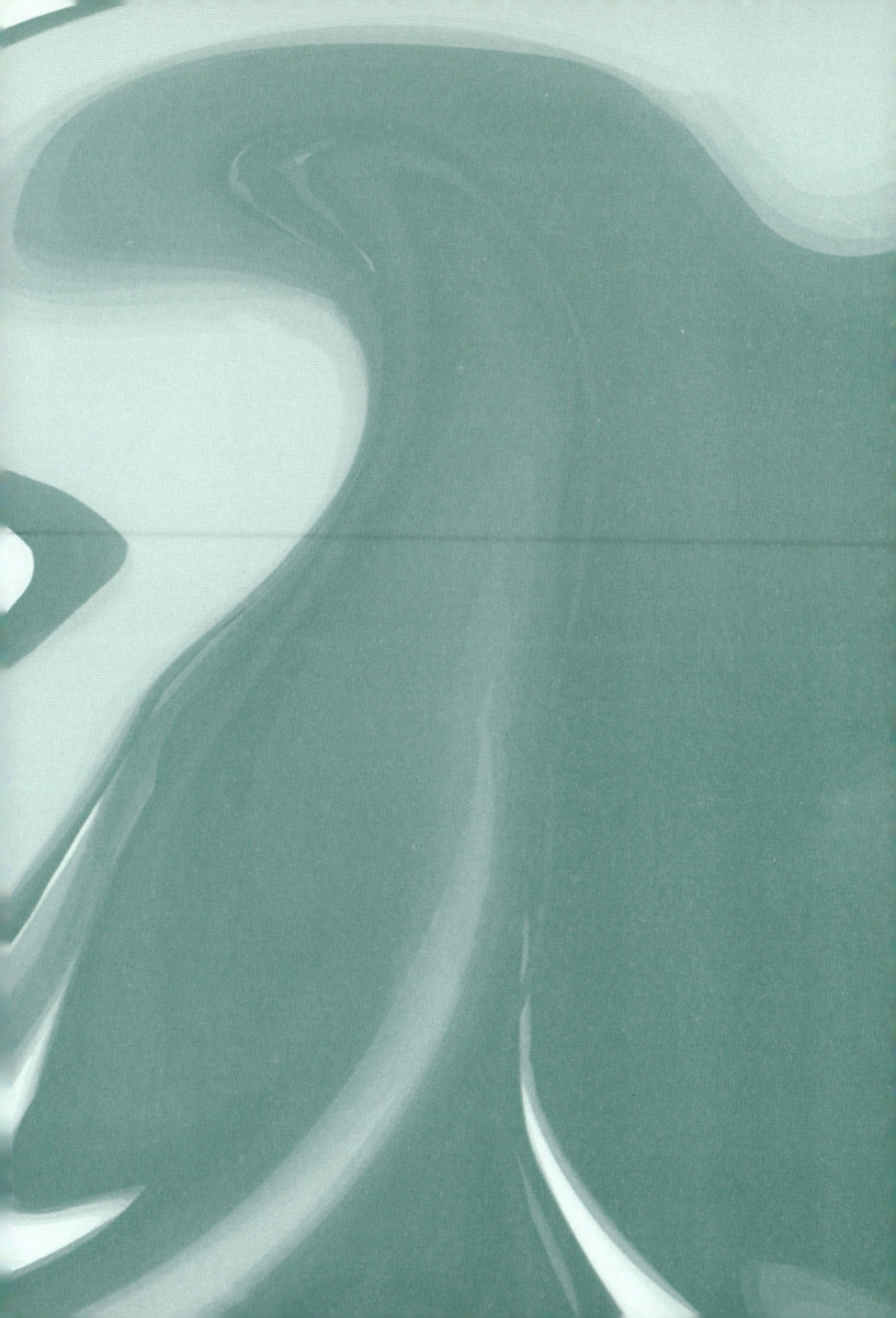

CHAPTER 04

경계는 어떻게 만드나요?

4챕터부터는 내게 꼭 필요한 경계 설정을 본격적으로 시작합니다. 여기에 실린 질문들은 한 번에 답하기 어려운 게 많아요. 꼭 하루 만에 다 할 필요는 없으니, 시간을 들여 집중해서 생각한 뒤 답하기 바랍니다. 다만, 2주 이상 끌지는 마세요. 이런 훈련이나 연습은 2주 이상이 넘어가면 긴장감이 줄어 흐지부지 끝내게 되니까요.

이번 챕터 전체를 다 읽은 뒤에 잠시 멈추고 되새겨보는 시간을 가져도 좋습니다. 질문에 답하는 동안 여러분도 모르게 쌓인 스트레스와 압박감을 휴식을 통해 해소할 수 있어요. 저는 이 워크북을 진행하는 시간이 여러분에게 즐거움이자 선물이길 바랍니다.

경계를 설정하는
4단계 공식

임상사회복지사 비키 티드웰 파머Vicki Tidwell Palmer가 2016년 작성한 글에서 영감을 받아 정리한, 경계를 설정하는 4단계 공식을 소개합니다. 이 공식은 우리에게 필요한 경계가 어떤 것인지 또 이를 어떻게 실행에 옮길지 아는 데 유용합니다.

1단계: 필요한 것과 원하는 것 명확히 하기

경계는 나만의 특별한 욕구를 충족시켜야 합니다. 그래서 경계에는 '일반적인 경계 리스트'가 없습니다. 모두가 똑같은 리스트로 경계를 정리할 수 없으니까요. 따라서 경계 설정의 첫 번째 단계는 자신이 필요한 것과 원하는 것을 명확히 하는 일입니다. 다음 네 가지 질문을 스스로에게 던져보세요.

1. 경계와 관련해 어떤 문제를 겪고 있는가?
2. 충족되지 않은 욕구는 무엇인가?
3. 충족되지 않은 욕구로 인해 지금 감정은 어떤가?
4. 경계를 설정함으로써 달성하고자 하는 결과는 무엇인가?

경계와 관련된 문제들, 충족되지 않는 욕구들 그리고 지금 나의 감정을 알아내는 일은 경계를 설정해 성취하고자 하는 것을 명확히 알게 해줍니다.

경계와 관련된 문제는 대개 명백하게 드러납니다. 반복되는 경향이 있고 큰 고통을 안겨주기 때문에 모를 수가 없죠. 하지만 가끔은 뭐가 문제인지 정확히 집어내기 어려울 때도 있습니다. 뭔가 이상하다는 느낌이 들지만 그게 뭔지 딱 꼬집어 알 수 없죠. 그럴 수 있습니다. 그럴 때는 내가 느낀 감정에 좀 더 집중하면 좋습니다.

충족되지 않은 욕구는 경계 관련 문제들을 경험할 때 필요하지만 얻지 못하는, 근본적으로 충족되지 않은 것들이기 때문에 마음을 불편하게 합니다. 충족되지 않은 욕구를 식별하면 어떤 경계를 설정해야 하는지에 관해 귀중한 정보를 얻을 수 있습니다.

경계 관련 문제와 충족되지 않은 욕구에 대한 감정 변화는 우리에게 경고를 줍니다. 경계가 침범당했을 때 기분이 어땠는지 기억해보세요. 화가 났거나 상처받았거나 아니면 마음이 불편했을 거예요. 이럴 때는 상황에서 한 걸음 물러나 지금의 불편한 감정이 경계 위반 때문인지 명확히 판단해야 합니다. 늦은 밤 홀로 방에서 일기를 쓰고 있는데 가족이 노크도 없이 불쑥 문을 열고 들어온다면, 당연히 짜증이 납니다. 이는 사생활을 보장받고 싶은 욕구와 조용하게 있고 싶은 욕구 등을 침해당했기 때문이죠. 이처럼 어떤 상황에서 감정 변화를 알아차리는 건 내 경계가 어디에 그어져 있고 그것이 침해당하고 있는지 아닌지를 알게 해줍니다.

물론 감정 변화에는 수많은 이유가 있으며 항상 경계 위반 문제가 원인인 건 아니죠. 그러나 자신의 감정 변화에 집중하고 내 감정이 전하는 메시지를 인식하는 것은 자존감을 높여주며 더 명확하게 경계를 설정하는 밑바탕이 되니 절대 헛수고는 아니랍니다.

경계가 침범당했을 때 보편적으로 나타나는 감정 반응들입니다. 이 감정들이 나타나는지 평소에도 주의해보세요.

분노 / 두려움 / 상처 / 불편함 / 억울함 / 겁에 질림 / 슬픔 / 불안함 / 좌절 / 무서움 / 우울 / 곤란함 / 짜증 / 걱정 / 절망 / 긴장 / 성가심 / 고통 / 비참함 / 과민함 / 화 / 속상함 / 당황 / 격노 / 하찮음 / 수치스러움 / 몹시 화남 / 노여움 / 성남 / 귀찮음

| 경계 관련 문제 파악하기 | 경계가 약하거나 경직되거나 또는 일정하지 않아 발생하는 문제를 이해하면 내가 설정해야 할 경계를 파악할 수 있습니다. 경계 관련 문제를 설명할 때는 구체적으로, 한 번에 하나의 상황에만 집중하세요. |

Q. 현재 어떤 경계 관련 문제를 겪고 있나요?

예) 내 친구 레이첼은 나와 만날 때마다 꼭 20분~30분 정도 늦는다.

충족되지 않은 욕구 찾기

Q. 3챕터에서 다룬 보편적인 인간의 욕구 리스트(73쪽)를 참고하여 충족되지 않은 욕구를 적어보세요.

예) 경계 관련 문제: 레이첼이 계속 지각하는 것
충족되지 않은 욕구: 존중받고 싶은 욕구

경계 관련 문제:

충족되지 않은 욕구:

**감정 변화
인지하기**

Q. 앞서 써본 경계 관련 문제를 경험했을 때 감정이 어떻게 변화되었나요?

예) 경계 관련 문제: 레이첼이 계속 지각하는 것
감정 변화: 짜증이 났다. 레이첼이 무례하게 느껴지며 그녀가 나를 하찮게 대하는 기분이 들었다.

경계 관련 문제:

감정 변화:

원하는 결과 정리하기

경계 문제점과 충족되지 않은 욕구, 감정 변화를 파악했다면 이제 원하는 결과를 명확히 정리해야 합니다. 다음 형식을 참고로 하여 한 문장을 만들어보세요.

주의할 것은, 아직은 경계의 성취와 결과물보다 현재 내가 원하는 것에 더 집중해야 하는 단계라는 겁니다. 따라서 결과에 대한 과한 환상을 갖지 않도록 유의하며 문장을 만드세요.

Q. 나는 _____ 때 _____가 필요하고 _____한 기분을 느끼고 싶다.

예) 나는 레이첼이 나와 만날 약속을 했을 때, 약속 시간을 존중해주기 바라고 레이첼과 함께하는 시간 동안 내가 그녀에게 가치 있는 존재라는 기분을 느끼고 싶다.

2단계: 경계 식별하기

2단계에서는 원하는 결과를 달성하는 데 도움이 되는 구체적인 경계를 파악합니다. 욕구를 충족시키고 긍정적인 감정 변화를 불러일으킬 경계 설정 방법은 무궁무진해요. 따라서 생각할 수 있는 모든 방법을 떠올리고 통제 가능한 항목을 검토해 가장 적합한 것을 선택해야 합니다.

가능한 한 많은 방법을 떠올려보는 게 중요해요. 가능하다고 생각되는 것, 또 좋은 해결책으로 보이는 것에 제한을 두지 마세요. 섣불리 판단하거나 삭제하지 말고 머릿속에 떠오르는 대로 다 적어봅니다.

앞서 레이첼이 자꾸 약속 시간에 늦는 상황에서 쓸 수 있는 경계 설정 방법들을 예로 들어볼까요?

- 나도 늦게 도착하기
- 만나는 횟수 줄이기
- 레이첼과 그만 만나기
- 내가 한가할 때만 함께 시간 보내기
- 레이첼에게 제시간에 오라고 말하기
- 레이첼이 15분 이상 늦으면 그냥 가버리기
- 아무것도 하지 않고 레이첼이 늦는다는 사실을 받아들이기
- 약속 시간 30분 전에 레이첼에게 만나기로 했다고 연락하기
- 레이첼 없이 일정을 시작하고 일정이 끝나는 시간을 정확히 지키기
- 레이첼과는 시간이 정확해야 하는 약속(영화 예매, 레스토랑 예약 등) 하지 않기

이렇게 다양한 경계 설정 방법을 떠올렸다면, 내가 통제할 수 있는 방법과 그럴 수 없는 것을 알아봅니다. 어떤 욕구는 스스로 충족할 수 있지만 그렇지 않은 욕구들도 있어요. 나의 말, 행동, 감정, 생각은 통제할 수 있습니다. 반면 다른 사람들의 말, 행동, 감정, 생각은 통제할 수 없죠. 간단해 보이지만 대부분 자신이 다른 사람들에게 많은 통제력과 영향력을 행사할 수 있다고 잘못 생각합니다. 즉, 잘못된 경계 설정으로 타인에게 내가 원하는 대로 말하고, 행동하고, 느끼고, 생각하라며 시간만 낭비하고 있는 셈이죠.

레이첼의 지각에 대처하기 위해 정리한 방법들을 보면, 어떤 건 내가 행동함으로써 욕구가 충족되지만 어떤 건 레이첼이 변화해야만 완성됩니다. 이를테면, 레이첼과 만나는 횟수를 줄이는 건 내가 그렇게 스케줄을 짜면 되죠. 그러면 존중받고 싶은 욕구는 훼손되지 않으면서 내 일정을 침해받지 않고 싶은 욕구도 지킬 수 있습니다. 그러나 레이첼에게 제시간에 오라고 말하는 방법은 결국 레이첼이 제시간에 오는 행동 변화를 해야만 완성됩니다. 당연히 쉬울 리가 없죠.

눈치챘겠지만, 내 행동을 바꿔 필요한 것과 원하는 것을 얻는 게 다른 사람을 변화시키는 것보다 더 쉽고 효과적입니다. 루페도 스스로 통제할 수 있는 것에 집중해 자신의 욕구를 지켰습니다.

루페는 매일 아침마다 회사에 요구르트를 싸 갔습니다. 오후 간식으로 먹으려고요. 요구르트는 회사 공용 냉장고에 넣어두었습니다. 그런데 며칠 동안 루페의 요구르트가 감쪽같이 사라졌습니다. 누군가 허락도 없이 루페의 요구르트를 먹은 거죠. 루페는 나의 소유물을 지키고 싶은 욕구를 침해당한 것이었습니다.

또다시 회사 냉장고에 넣어둔 요구르트를 도난당한 어느 날, 루페는 다른 팀 후배인 미셸이 요구르트를 먹는 걸 보게 되었죠. 루페는 이내 그 요구르트가 자기 것임을 알았습니다. 직접 만들어 온 요구르트라 용기만 봐도 제 것임을 알 수밖에 없었습니다.

루페는 이 문제를 해결하기 위해 몇 가지 방법을 떠올렸습니다. 먼저 미셸에게 자신의 요구르트를 멋대로 먹지 말라고 할 수 있었죠. 분명 루페에게는 그럴 권리가 있었습니다. 하지만 이 방법은 미셸이 거절할지 동의할지 명확하지 않았습니다. 게다가 미셸이 그런 적 없다며 오리발을 내밀 수도 있었거니와 자기가 한 일은 인정하더라도 요구르트를 나눠 먹자고 뻔뻔하게 나올 수도 있었죠. 루페가 통제할 수 없는 여러 가지 경우의 수가 너무나 많았습니다.

그래서 루페는 자신의 행동을 바꾸기로 합니다. 간단했어요. 요구르트를 공용 냉장고에 넣지 않고 아이스박스에 싸 오는 것이었습니다.

우리는 경계 문제에 관한 가장 간단한 해결책인 '자신을 바꾸는 일'에 종종 반감을 느낍니다. 상처받았기 때문일 수도 있고 화가 나서 못 참았을 수도 있죠. 왜 저 사람이 아니라 내가 바뀌어야 하나 의문을 느낄 수도 있어요. 하지만 다른 사람이 바뀌어야 한다는 생각에 집착하면 나의 경계 선택지가 제한됩니다. 또한 남을 바꾸는 방법을 고집하면 시간과 에너지를 그쪽에 쏟느라 정작 다른 경계들이 약해질 수 있습니다.

'너는 그래야 한다'보다 '나는 그러기로 했다'라고 생각할 때 실천이 더 쉽습니다. 내가 희생양이 된 게 아니라 자율권을 가졌다고 느끼기 때문이죠.

**통제 가능한
경계 설정 방법
떠올리기**

Q1. 현재 경계 설정이 필요한 문제가 있나요? 그 문제를 해결하기 위해 떠올릴 수 있는 방법들은 무엇이 있나요? 생각나는 대로 모두 적어보세요.

Q2. 떠올린 방법들 중 나만 행동하면 완성되는 것과 상대의 변화가 뒤따라야 하는 것을 분류해보세요.

Q3. 나만 행동하면 완성되는 방법을 실행했을 때와 상대의 변화가 뒤따라야 하는 방법을 실행했을 때 그 결과는 어떻게 될지 상상해보세요. 그리고 최종 선택을 해봅시다.

3단계: 경계 구현하기

선택한 방법을 이용해 새로운 경계를 구현하는 단계입니다. 이왕이면 시기나 장소를 계획해보세요. 이를 통해 자칫 두려움을 일으킬 수 있는 요소를 차단할 수 있어요.

또 나의 경계를 상대에게 설명할 때 쓸 말도 정리해두면 좋습니다. 나의 경계를 다른 사람에게 전달하기 위해 사용할 단어들은 구체적이어야 합니다. 약속 시간에 매일 늦는 레이첼에게 "앞으로 너를 만나지 않을 거야"라고 하기보단 "앞으로 너와는 영화를 보러 가거나 레스토랑 예약을 하고 만나긴 어렵겠어. 자꾸 정해진 일정이 꼬이니까. 대신 특별한 일정이 없는 날에 함께 야외로 놀러 가는 게 어떨까?"라고 하는 겁니다.

물론 경계 설정 초반엔 상대의 반발이 나오기 쉽습니다. 그러므로 상대가 나의 경계를 무시하거나 분노로 대응한다면 어떻게 할지도 가능한 한 구체적으로 준비해두세요(경계 저항 및 위반에 관한 자세한 내용은 5챕터와 6챕터에서 자세히 알아보겠습니다).

경계 구현
준비하기

Q1. 언제 경계를 말할 건가요? 날짜 및 시간을 포함하여 생각하세요.

Q2. 구체적으로 무슨 말을 할 건가요?

> 예) 만약 레이첼이 영화를 보러 가자고 하면 나는 "재미있는 영화 같긴 한데, 네가 약속 시간에 늦어서 초반을 놓치면 나 진짜 짜증 날 거 같아. 그러지 말고 하이킹은 어때? 날씨도 좋은데."

Q3. 내 경계에 상대가 저항하거나 무시한다면 어떻게 할 건가요?

> 예) "기분이 상했다면 미안해. 하지만 그동안 네가 약속에 매번 늦어서 영화 초반을 놓친 적이 많았잖아. 정말 그 영화를 보고 싶다면 다른 사람과 보거나 혼자 보는 게 어때?"

4단계: 경계 미세 조정하기

경계 설정은 항상 진행 중입니다. 첫 번째 시도에서 적절한 경계를 단번에 설정하기는 어려워요. 그러니 처음에 경계로 원하는 결과를 얻지 못했거나 갑자기 예상치 못한 어려움이 발생해도 실망하지 마세요. 경계는 반복적으로 조정하는 거니까요. 연습을 꾸준히 하면 자신의 욕구를 파악하고 그 욕구를 충족하는 경계를 만들어 구현하는 데 더 능숙해질 수 있습니다. 경계 설정은 과학보다는 예술에 가깝다는 걸 기억하세요.

그럼, 새로운 경계가 성공적으로 설정됐는지 어떻게 알 수 있을까요? 경계 설정은 대개 원하는 결과를 완전히 달성하기 전 반복 과정이 필요합니다. 그러므로 우선 무엇이 효과가 있었는지, 무엇이 효과가 없었는지 살펴봐야 합니다. 물론 성공했거나 실패했거나 등 극단적으로 둘 중 하나인 경우는 거의 없습니다. 그러니 원하는 결과를 완전히 이루지 못했더라도 올바른 방향으로 나아가는 작은 단계들을 확인한다는 마음을 가지세요.

**나의 경계
미세 조정하기**

Q1. 어떤 경계를 설정하려고 했나요?

Q2. 이 경계에서 효과가 있었던 건 뭔가요?

Q3. 이 경계에서 효과가 없었던 건 뭔가요?

Q4. 이 경계에서 충족시키려고 했던 욕구는 얼마나 충족되었나요? 1부터 10까지 숫자로 평가해봅시다. 숫자가 작을수록 불충족, 높을수록 충족입니다.

Q5. 설정한 경계가 긍정적인 감정을 만드는 데 도움이 되었나요? 1부터 10까지 숫자로 평가해보세요. 단, 경계를 설정할 때 느낀 감정이 아니라 경계를 설정한 뒤 같은 상황, 또는 같은 사람과 만난 후의 감정을 평가합니다.

경계 설정의 함정

경계 설정 단계를 완성하는 데 방해가 되는 함정들이 몇 가지 있습니다. 첫째는 끝까지 관철하지 않는 태도입니다. 인생사가 그러하듯, 경계를 설정하는 계획 역시 끝까지 관철하지 않는다면 원하는 결과를 얻을 수 없습니다. 그래서 스스로에게 물어봐야 할 첫 번째 질문은 '자신이 계획을 완전히 실행했는가'입니다. 만약 그렇지 않다면 걸림돌이 무엇인지 알아야 합니다. 그래야 어떻게 극복할지 알 수 있으니까요.

둘째는 자신의 욕구와 감정을 잘못 파악하는 문제입니다. 내가 원하는 걸 잘못 알았으니 어떤 결과든 만족할 수가 없게 됩니다. 그 원인도 명확히 알 수 없죠. 경계는 특정한 욕구나 여러 욕구를 충족시키기 위한 것이기 때문에 욕구를 잘못 파악하거나 여러 욕구 중 하나만 충족한다면 설정한 경계가 원래 의도를 달성하지 못했다고 볼 수 있습니다.

지각을 반복하는 친구 레이첼의 예를 다시 한번 들어볼게요. 처음 파악한 욕구는 존중받고 싶은 욕구였고, 이후 레이첼이 무례하게 느껴지고 짜증이 나는 감정 변화를 파악했습니다. 그래서 레이첼과의 만남 횟수를 줄였고요. 그런데 이상하게도 결과에 만족할 수가 없습니다. 그 이유는 알고 보면 다른 사람과 연결되고 싶은 욕구나 이해받고 싶은 욕구처럼 충족되지 않은 다른 욕구가 있었기 때문입니다. 레이첼과 보내는 시간을 줄이면서 존중받고 싶은 욕구는 충족한 반면, 인간관계의 연결이나 이해에 관한 욕구는 충족하지 못하게 된 거죠. 이런 경우에는 다른 경계 계획이 필요합니다.

셋째는 다른 사람에게 변화를 요청했지만 거부당하거나 합의된 변경 사항이 이행되지 않은 경우입니다. 여기서 상대에게 다시 요청할 것인지 아니면 직접 이 요구를 충족할 다른 방법을 찾을지 결정해야 하죠. 먼저 상대에게 이해받을 수 있도록 명확하고 정중한 자세로 필요하거나 원하는 걸 전달했는지 확인하세요. 만약 그러지 않았다면 접근 방식을 조정하고 다시 시도하는 편이 좋습니다.

넷째는 너무 일찍 포기하는 태도입니다. 한 번에 경계를 설정하고 원하는 결과를 얻는 경우는 거의 없습니다. 경계 설정은 계속 이어지는 과정이니까요. 경계 관련 문제의 성향과 기간, 관련된 사람들이 누구냐에 따라 같은 경계를 여러 번 설정해야 할 수도 있어요. 설정한 경계가 성공적이지 못할 때 좌절하고 그만두고 싶어지는 건 자연스러운 일입니다. 그러나 너무 빠른 포기는 경계를 조절할 기회조차 잃게 합니다. 경계 설정 초기엔 성공적이기 힘들다는 점을 유념하기 바랍니다.

경계 설정의
함정에서
탈출하기

Q1. 경계를 전달하고 설정하기 위한 계획 중 실행하지 않은 부분이 있나요?

Q2. 뭐가 걸림돌이 되었나요? (경계에 대한 두려움, 잘못된 믿음, 계획 부족, 상대의 부정적 반응 등)

Q3. 이전에 파악하지 못한 충족되지 않은 욕구가 있나요? 혹은 추가할 요구 사항이 있나요?

Q4. 상대에게 요청한 것이 구체적이고 명확했나요?

Q5. 정중하고 차분하게 소통했나요? 만약 그렇지 않았다면 요청 방식을 어떻게 개선할 수 있을까요?

Q6. 경계를 설정했는데 문제가 일어난 적이 있었나요?

Q7. 문제를 해결하기 위해 다른 시도를 해보았나요, 아니면 바로 포기했나요?

Q8. 포기했다면, 그 경계 설정에 충분한 시간과 노력을 기울였다고 생각하나요?

Q9. 일찌감치 포기했던 경계를 다시 설정해봅시다. 이번엔 같은 결과를 가져오지만, 다른 방식의 경계를 설정하세요. 다르게 설정해보니 어떤가요?

새로운 계획 세우기

원하는 만큼 경계가 성공하지 못했던 원인을 알게 되었나요? 그럼 처음 계획으로 돌아가 조정해봅시다. 파악된 원인에 따라 다음 조정 사항 중 하나 이상을 적용해보세요.

- 나 전달법I-statements 사용하기
- 화내지 말고 차분하게 행동하기
- 예의 바르고 존중하는 태도 보이기
- 필요하거나 원하는 것을 더 구체적으로 말하기
- 상대가 내 말을 듣고 이해하는지 확실히 해두기
- 원래 계획을 고수하고 이 경계를 최소한 5번 이상 더 설정해보기
- 상대의 변화를 기다리지 말고 내가 할 수 있는 새로운 경계 설정하기

원하는 결과를 계속 얻지 못해 좌절감이 느껴지더라도 용기를 내세요. 경계를 조정해나가는 4단계 과정은 누구나 여러 번 반복할 수밖에 없어요. 그러나 그 끝에서는 분명 원하는 결과를 얻고 자존감을 회복할 수 있을 것입니다.

4챕터를 마무리하며

4챕터에서는 욕구를 충족하고 부정적인 감정을 긍정적인 것으로 대체하는 경계 설정 4단계에 관해 배웠습니다. 또 자신의 행동을 바꾸거나 다른 사람에게 행동을 바꾸도록 요청해 경계를 설정하는 방법도 알아보았죠. 경계 설정은 나를 알고 명확히 경계를 설정하며 상대에게 몇 번이고 전달해 원하는 결과를 얻는 꽤 긴 과정입니다. 지치지 말고 계속 나아가길 빌어요.

CHAPTER 05
경계를 설정했는데 왜 나아지지 않나요?

경계를 설정했지만 계속 실패했던 경험이 있나요? 그 때문에 더 이상 경계 설정을 하지 못하게 되었거나 상대와 다투는 일이 많아진 분들도 있겠죠. 그건 분노와 좌절감을 줄이며 상대로부터 호의까지 이끌어내는 의사소통 기술이 부족했기 때문입니다. 이번에는 적극적인 의사소통을 통해 경계를 효과적으로 전하고 알아듣는 법을 배워봅시다.

경계를
잘 작동시키는
의사소통법

효과적인 의사소통법을 한 번도 배운 적이 없거나 연습할 기회가 없었다면 마치 외국어를 배우는 것처럼 어색하게 느껴질 거예요. 하지만 새로운 언어를 습득하는 건 지속적인 연습밖에 왕도가 없듯이 효과적인 의사소통도 계속 많은 노력을 해야 합니다.

적극적인 의사소통하기

의사소통에는 '수동적, 공격적, 적극적' 세 가지 기본 유형이 있습니다. 소극적 의사소통은 욕구와 관련해 목소리를 높이지 않거나 어떻게 느끼는지 솔직하게 말하지 않으면서 자존감을 드러내지 않는 소통법입니다. 대신 다른 사람들을 기쁘게 하거나 달래기 위해 자신의 욕구와 감정을 최소화하죠. 공격적 의사소통은 다른 사람의 욕구와 감정을 존중하지 않는 소통법입니다. 가혹한 태도로 남을 상처 주려고 하며 자기 욕구와 감정이 다른 사람의 것보다 우선한다고 믿고 그렇게 요구합니다. 적극적 의사소통은 자신과 다른 사람들을 존중하는 방식으로 욕구와 감정을 명확하고 직접적으로 전달합니다.

요구가 아닌 요청하기

내가 설정한 경계가 다른 사람에게 변화를 강요하거나 특정 행동을 하게 만드는 경우에는 '요구'가 아닌 '요청'을 해야 합니다. 요구는 협력보다는 방어와 저항을 만들어내거든요.
효과적으로 요청하는 방법들이 몇 가지 있습니다.
먼저 '나 전달법'입니다. 나 전달법은 내가 어떻게 느끼고 무엇을 원하는지 소통하기 위해 정해진 공식을 사용합니다. 상대 행동이 얼마나 터무니없는지에 포커스를 맞추는 것이 아니라 상대의 행동으로 인해 내가 어떤 기분을 느끼는지에 초점을 맞추는 것입니다. 상대는 자신의 행동이 타인에게 어떻게 부정적 영향을 주는지 이해하지 못하더라도 자신의 행동 때문에 타인의 기분이 나빠졌다는 점을 알면 기꺼이 태도를 바꿀 수 있습니다. 즉, 나 전달법은 상대에게 방어적인 태도보다 공감을 불러올 가능성이 큰 소통 방식입니다.
나 전달법을 만드는 기본 공식은 다음과 같습니다.

네가 _____ 때 _____한 기분이 들어. _____면 좋겠어.

말도 없이 귀가 시간이 늦는 동거인에게 "네가 늦게 들어온다고 말을 안 해주면 답답해. 그러니 오후 10시 이후에 들어올 거면 연락 좀 해줬으면 좋겠어."라고 할 수 있겠죠. 나 전달법을 좀 더 발전시키기 위해 상대의 동의를 직접 요청할 수도 있습니다. "그래줄 수 있어?"라고 덧붙이는 겁니다.

나 전달법으로 전한 말에 상대가 동의한다면 이제 둘 사이에는 행동 변화에 관한 명확한 동의가 이루어졌다고 할 수 있습니다. 반면 상대가 동의하지 않는다면 타협을 해나가세요. 타협마저 잘 이루어지지 않는다면 다른 경계를 설정해볼 수도 있습니다.

요청하는
나 전달법
문장 만들기

Q. 경계 소통을 위한 나 전달법 공식을 써보세요.

_____때 _____한 기분이 들어. _____면 좋겠어. 그래줄 수 있지?

요청의 중요성 알리기

모든 요청이 똑같이 중요한 건 아니기 때문에 중요한 요청을 할 때는 요청의 중요성을 반드시 전달해야 합니다. 심리치료사 줄리 행크스Julie Hanks는 《여성을 위한 자기주장 가이드The Assertiveness Guide for Women》(2016)에서 '그래준다면 내게 큰 의미가 있을 것이다'라는 문구를 사용해보라고 제안합니다. 줄리는 "이 문구는 해당 요청이 당신이 원하는 것이며 당신에게 큰 의미가 있다는 점을 인정하는 데서 우러나오는 문구입니다. 따라서 상대가 요청을 듣고 귀를 닫거나 방어적으로 나올 가능성을 줄여주죠."라고 말했습니다.

'내게 큰 의미가 있는 일이야'라는 문구는 듣는 사람이 덜 중요한 요청과 해당 요청을 구별하는 데 도움을 주고 나의 말을 더 진지하게 받아들이게 하는 데 효과적입니다. 이 문구는 다음과 같이 활용됩니다.

"이건 제게 정말 중요한 일이에요."
"그렇게 해주면 정말 감사하겠습니다."
"제게 큰 의미가 있는 요청이 있는데요."
"저는 이 문제에 신경을 많이 쓰고 있어요."

구체적으로 요청하기

요청은 구체적일 때 가장 효과적입니다. 그러나 우린 보통 내가 하는 요청이 명확하고 구체적이라 착각합니다. 상대도 내 생각을 잘 알고 있다고 가정하며 충분히 설명하려 하지 않죠. 게다가 내가 원하는 걸 명확히 아는 경우도 드뭅니다. 나는 존중받길 원한다는 것까지는 생각했지만 구체적으로 상대가 무엇을 전과 다르게 행동하길 원하는지는 파악하지 못하는 겁니다. 여기 세 가지 요청 문구가 있습니다.

"날 좀 존중해줬으면 좋겠어."
"늦은 시간에는 연락하지 마세요."
"밤 10시 넘어서는 연락하지 마세요."

어떤 요청이 듣는 사람에게 원하는 바를 가장 잘 전하고 있나요? 바로 특정 행동과 시간을 명시한 세 번째 방식입니다. 이처럼 구체적인 요청이 오해를 줄이고 듣는 사람이 행동을 바꿀 의향이 있는지 정확하게 판단할 수 있게 합니다.

구체적으로 요청하는 몇 가지 팁을 알려드립니다.

- 구체적인 시간과 날짜를 말한다.
- 요청하는 행동의 예를 들어준다.
- 상대에게 요청할 새로운 행동을 얼마나 자주, 얼마나 많이, 얼마나 오래 지속해주길 원하는지 수치로 표현한다.
- 상대에게 요청할 행동을 상대가 받아들였는지 관찰할 방식을 정해둔다(며칠을 지켜볼 것인지, 횟수를 체크할 것인지 등).

구체적인 요청 다음 경계 관련 요청을 보다 구체적으로 바꿔봅시다.
연습하기

Q1. 뒷정리를 하지 않고 그냥 둬서 좀 불만이에요. 정리를 해줬으면 좋겠어요.

Q2. 애들한테 인스턴트 음식이나 패스트푸드 사주지 마세요. 건강에 나빠요.

Q3. 요즘 출근 시간이 좀 늦네. 제때 나와줬으면 해.

자신 있게 요청하기

경계를 설정하고 요청하는 것 역시, 나에게 그럴 권리가 있고 나의 감정과 욕구가 중요하며 문제를 해결할 능력 또한 가지고 있다는 걸 인지한 다음 자신감 있게 전달할 때 더 효과적입니다. 자신감은 우월한 태도나 건방짐을 의미하지 않습니다. 자신감 있는 요청은 자신이 하는 말을 믿고 쓸데없이 사과하거나 지나치게 꾸미고 정당화하지 않은 채 원하는 것을 진술하는 것이죠.

그래서 요청을 할 때는 '조금, 약간, 아마, 그냥'처럼 애매한 태도를 보이는 단어를 쓰지 말아야 합니다. 또 사과하고 정당화하는 말도 필요 없어요. 이는 해당 요청이 중요하지 않거나 내가 요구하지 말아야 할 걸 요구한다는 암시를 주어 요청의 의미를 약화시킬 수 있습니다.

리사는 자꾸 자신의 집 입구에 주차하는 이웃 조 때문에 아침마다 차를 빼면서 곤욕을 치르고 있었습니다. 그래서 조에게 찾아가 집 입구에 앞으로 주차하지 말아달라는 요청을 하기로 했습니다. 다음 두 요청 예시에서 어떤 것이 더 효과적일까요?

예1) 안녕하세요. 조, 여기에 주차하면 제 집 입구가 가로막혀서 차 빼기가 매우 불편합니다. 앞으로는 다른 곳에 주차하시겠어요?

예2) 귀찮게 해드려서 정말 죄송합니다. 번거롭지 않으시다면 저희 집 입구에 주차하지 말아달라고 부탁드리고 싶어요. 비난하려는 건 아닙니다. 다만, 제가 차를 빼느라 시간이 걸려서 아침에 회사에 지각하는 일이 잦습니다. 회사 사장님이 출근 시간 관리에 깐깐하

서서요. 양해 부탁드립니다.

예시1은 간단 명료하면서도 정중하고 공손합니다. 사실 내가 내 집 입구에서 차를 빼기 힘들어 진땀을 흘릴 이유는 없습니다. 나의 사유지이고 그 입구를 편히 드나들 정당한 권리가 있으니까요. 따라서 나의 요청을 정당화하거나 굳이 사과할 필요가 없습니다. 그러나 예시2에서는 과도하게 사과하고 내가 이런 요청을 하는 이유를 구구절절 설명하고 있습니다. 그러다 보면 상대방이 내 요청을 중요하지 않은 것처럼 느낄 수 있습니다.

만약 지금껏 경계를 지나치게 사과하고 정당화해왔다면 적극적인 의사를 표현하는 게 불편하게 느껴지거나 냉혹하게 보일 수 있습니다. 부드러운 말투가 메시지를 효과적으로 전달하는 데 도움이 되고 더 진실되게 느끼게 한다는 건 압니다. 중요한 건, 무엇을 원하는지를 명확히 하고 내가 가진 권리에 대해서는 굳이 사과할 필요가 없다는 점입니다. 이를 바탕으로 정중히 요청하세요.

요청 이해했는지 확인하기

상대가 내 요청을 잘 이해했는지 확인해야 서로 오해하는 상황을 피할 수 있습니다. 그 방법은 쉽습니다. 그냥 물어보세요. "괜찮으시죠?", "무슨 뜻인지 이해하셨죠?", "질문 있으신가요?" 등의 질문을 던져보는 겁니다.

치료사들은 반사적 경청 Reflective Listening이라 불리는 기술을 사용합니다. 반사적 경청은 상황에 더 깊숙이 관여할 수 있게 해주는데, 처음에는 꽤 긴장감을 느낄 수 있지만 익숙해지면 아주 효과적이죠. 방법은 간단합니다. 내가 요청한 바를 상대에게 자신의 말로 바꾸어 말해보게 하는 겁니다. 리사를 예로 들어볼게요. 리사의 요청을 들은 조가 "내가 주차한 것 때문에 집에서 차를 빼거나 넣는 데 불편하다는 거죠? 그래서 앞으로는 다른 곳으로 주차 자리를 옮기라는 거고요. 제가 이해한 게 맞나요?"라고 자신의 언어로 말하는 것이 반사적 경청입니다. 이를 듣고 리사는 자신이 요청한 바를 조가 확실히 인지했는지 확인해주면 돼요. 빠졌거나 틀린 내용이 있다면 부드럽게 수정해주고요. 이 과정은 상대가 이해했음을 내가 느낄 때까지 반복합니다.

눈을 마주치고 고개를 끄덕이는 것처럼 상대가 내 말을 듣고 이해하고 있다는 비언어적 증거들을 찾아도 됩니다. 물론 이런 증거가 온전히 이해했다는 완벽한 증거는 못 되지만 집중하고 경청하는 태도는 대화가 정상 궤도에 올라 있다는 좋은 신호인 건 분명합니다.

일관성 유지하기

내가 적절한 방법으로 설정한 경계에 저항하는 상대에게는 일관되고 확고한 태도를 보여야 합니다. 어떤 사람은 경계를 철회할 거란 희망을 가지고 논쟁을 지속하거나 공격을 해옵니다. 이럴 때 물러서버리면 상대는 앞으로도 내 경계에 대해 언제나 같은 행동을 고수할 거예요. 그로 인해 나의 에너지와 시간만 소비하게 됩니다.

설정한 경계에 관해 내가 진지하다는 점과 그에 따르는 결과를 고수

한다는 점을 상대가 깨달을 때까지 경계를 여러 번 요청해야 할 수도 있어요. 이때 경계를 요청하는 방식은 달라질 수 있어도 경계의 결과로 내가 지키고 싶고 충족하고 싶은 나의 욕구는 절대 포기해선 안 됩니다.

말투에 주의하기

말투는 내가 하는 말의 의미를 완전히 바꿀 수도 있습니다. 경계를 설정할 때, 자신감과 수용적 태도를 전달할 수 있는 유쾌하고 단호한 말투를 목표로 하세요. 단, 소리를 지르지는 마세요. 소리를 지르는 건 상대도 목소리를 높여야 할 필요가 있다는 당위성만 제공합니다. 경청과 협력에도 도움이 되지 않아요. 상대에게 비판적으로 비치거나 상처를 줄 수 있으니까요.

올바른 타이밍 선택하기

경계를 소통할 때 타이밍도 중요합니다. 우리는 어떤 문제에 봉착했을 때 절박한 심정이거나 주체할 수 없는 화를 느끼면 그 순간 모든 걸 다 퍼부어버리고 싶은 충동에 빠집니다. 그러나 여러분도 알겠지만, 충동적인 행동은 거의 대부분 후회를 불러오죠. 생각보다 거친 말투를 쓰게 되거나 누군가를 다치게 하는 사고가 일어날 수 있기 때문입니다. 그러므로 내가 즉각적인 위험에 처하지 않는 상황이라면, 일단 생각을 정리하고 감정을 처리한 뒤 경계를 분명히 설정할 때까지 기다려야 합니다.

당연히 술에 취했을 때, 너무 피곤할 때는 피해야겠죠. 또 상대가 나와의 대화가 아닌 TV나 휴대폰에 집중해 있을 때도 피합니다. 나와 상대 모두 정신이 흐트러지지 않는 타이밍을 고르세요.

물론 현실적으로 경계에 대한 이야기를 하기에 완벽한 타이밍을 마냥 기다릴 수는 없습니다. 지나치게 오래 참다가 억울함이 쌓여 내 마음만 다칠 수도 있죠. 좋은 타이밍을 잡는다는 건 그래서 더욱 중요합니다. 맞벌이부부라면 두 사람 다 퇴근한 후 잠자리에 들기 전이 좋고 서로 시간표가 다른 친구 사이라면 두 사람 다 강의가 끝난 시간이나 아예 공강인 날이 좋습니다. 두 사람 다 충분히 대화에 집중할 시간대를 정하는 대신 경계 관련 문제 상황으로부터 시간이 너무 많이 흐르지 않은 때를 선택해야 합니다.

요즘 소통은 주로 메신저상에서 문자메시지로 이루어지고 있죠. 편리하긴 하지만 복잡한 감정을 전하기에는 매우 비효율적입니다. 신체언어와 음성 신호인 말투도 전달할 수 없고 다른 일을 하는 도중에 잠시 짬을 내어 하다 보면 산만해지기 쉽습니다. 오해도 정말 많이 발생하죠. 따라서 경계 관련한 대화는 메신저로 하지 말아야 합니다. 직접 대면해야 해요. 얼굴을 맞대고 이야기하는 게 불편할 수 있지만 더 나은 결과를 얻을 수 있습니다. 직접 만나는 게 불가능할 경우에도 통화가 문자메시지보다 훨씬 효과적입니다. 말투에서 느껴지는 뉘앙스에 더 집중할 수 있게 해주기 때문입니다.

진정하고 내 감정 인식하기

두렵든 화가 나든 걱정이 되든, 자기의 감정을 인식하는 건 평정심을 찾는 데 도움이 됩니다. 경계 소통에도 더 좋죠. 경계를 설정하기 전, 나의 생각과 기분이 어떤지 알아차리기 위해 잠시 휴식을 취하세요. 알아차린 것들을 적어보아도 좋습니다. 여러분의 몸이 어떻게 느끼는지 관찰해보세요. 긴장감이 드나요? 심장이 뛰나요? 땀이 나나요? 만약 그렇다면 대화하기 전 감정을 달래주는 활동을 해보세요.

원초적으로 돌아가기

원초적으로 돌아가기는 자신을 진정시키는 가장 빠르고 쉬운 방법입니다. 이 행동은 마음챙김의 원리를 활용해 구체적이고 관찰 가능한 감각에 주의를 집중시켜주죠. 또 마음을 현재에 잡아놓기 때문에 과거를 반추하거나 미래에 관한 걱정을 불러일으키지 않습니다.

원초적으로 돌아가기의 단계는 다음과 같습니다.

1. 스트레스나 걱정, 불안감이 1부터 10 중 어느 수준에 해당하는지 판단한다.
2. 편한 곳에 앉아 천천히 심호흡을 한다.
3. 지금 눈앞에 보이는 것 다섯 가지를 찾는다.
4. 앉아 있는 의자나 소파는 어떤 느낌이 드는지 느껴본다.
5. 눈앞에 초록색 물건들이 무엇이 있는지 찾는다.
6. 주변의 냄새를 맡아본다.

7. 지금 신고 있는 신발 또는 입고 있는 셔츠에 관해 가능한 한 자세히 설명한다.
8. 주변에 귀를 기울이고 들리는 소리 세 가지를 찾는다.
9. 근처에 있는 물건을 손에 쥐고 감촉이나 무게를 가늠한다.
10. 다시 스트레스나 걱정, 불안감을 1부터 10 중 어느 수준에 해당하는지 판단한다. 만약 아직 5 이상이라면 2~9번 연습을 반복한다.

간단히 몸을 움직여보는 방법도 있습니다. 그럴 때도 불안 수준을 먼저 파악하고 손을 움직이는 것부터 뛰기까지 다양한 활동을 점층적으로 한 뒤 다시 불안 정도를 파악합니다.

만트라

기도나 명상 때 외는 주문인 만트라Mantra는 동기부여나 격려, 스스로를 진정시키기 위해 긍정적인 문장을 반복하는 일입니다. 만트라의 예시를 알려드립니다. 자기가 직접 써봐도 좋습니다. 정말 외운 대로 이루어질 거라 생각하는 게 중요해요.

"난 잘 해낼 것이다."
"난 차분하고 자신감도 있다."
"무슨 일이 생겨도 내가 처리할 수 있다."
"내게 필요한 걸 상대에게 요구해도 괜찮다."

기타 방법들

불쑥 거칠어진 감정을 진정시킬 다양한 방법을 알려드립니다. 여러 가지를 시도해보고 가장 효과가 있는 게 뭔지 알아보세요.

- 산책하기
- 기지개 켜기
- 잔잔한 음악 듣기
- 목욕이나 샤워하기
- 내 생각과 감정 적어보기
- 어깨와 목 부드럽게 문지르기
- 키우는 고양이나 강아지 쓰다듬기
- 감사하게 여기는 것 열 가지 생각해보기
- 박스 호흡 Box Breathing(들숨을 쉬고 잠시 숨을 참았다가 날숨을 내뱉는 호흡법) 반복하기
- 손을 가슴 위에 올려놓고 숨 쉴 때마다 가슴이 오르내리는 모습 지켜보거나 공기가 들어갔다 빠지는 풍선을 상상하기

타협이 어려울 때의
경계 협상법

경계를 타협할 때는 나뿐 아니라 상대의 요구도 고려해야 합니다. 타협은 상호적이기에 그 결과도 서로 만족스러워야 하죠.

하지만 타협이 어려울 때가 있습니다. 물론 상대가 원하지 않으면 억지로 타협할 수 없지만, 그래도 타협할 수 있는 의사소통 방식을 시도해봐야겠죠.

그럼 경계 협상이 어떻게 진행되는지 예를 한번 볼까요?

클라라: 여보, 퇴근 후에 누굴 만나고 들어올 거면 미리 말해줘. 아무것도 모르고 연락도 안 되는데 집에서 기다리는 거 너무 답답해. 적어도 퇴근 시간 지나서 집에 올 거면 전화나 문자 남겨줘. 그래줄 수 있지?

안토니: 아… 근데 내가 일부러 그러는 게 아니라 일이 너무 많아서 잊어버리는 거거든. 급하게 일 끝내고 약속 장소 가느라 정신없는 일이 많아서. 그럼 당신이 6시쯤에 나한테 전화해줄 수 있어? 그러면 까먹지 않고 답해줄 수 있는데.

클라라: 안 돼, 나 6시에 애들 숙제 봐주는 거 알잖아? 저녁도 준비해야 해서 나도 정신없어. 그럼 당신이 6시에 알람을 맞추는 게 어때? 그럼 안 잊어버릴 거 아니야?

안토니: 아, 그게 좋네. 알겠어. 그럴게.

클라라와 안토니의 상황은 사실 쉬운 타협에 해당합니다. 이해관계가 낮은 문제이기 때문이죠. 두 사람 모두 협상을 까다롭다고 느끼지 않았고 특별히 한 가지 해결책에 애착을 가지지도 않았습니다. 여러분도 이런 수준의 경계 타협에선 서로가 만족할 타협이 가능할 겁니다.

그러나 문제는 안전이나 건강에 관련된 걱정처럼 매우 중요한 경계를 타협할 때나, 서로 강하게 한 가지 해결책에 애착을 가져 감정적 반응이 심화될 때는 타협에 도달하기가 어렵습니다.

타협할 수 없는 경계 파악하기

각자 타협하지 못하는 경계가 있을 수 있습니다. 그럴 수 있습니다만, 너무 많은 경계를 타협에 장애가 되는 요인으로 분류하진 마세요. 그러면 경계가 너무 엄격해지고 상대에게 불필요한 위협을 하게 될 수도 있으니까요. 너무 엄격한 경계나 상대를 존중하지 않는 경계는 원래의 의도와 반대되는 결과를 낳을 수 있습니다.

　삶에서 당장 필요하며 절대 타협할 수 없는 경계를 네다섯 가지 정도로 정리하세요. 당장 나의 안전을 위협하는 것, 장기적으로 내 사람을 망가뜨릴지도 모르는 것 등이 될 거예요. 다음은 한 내담자가 정한 절대 타협할 수 없는 경계들입니다.

- 집 안에서는 흡연을 금지한다.
- 학대하는 새엄마와 같이 살지 않겠다.
- 땅콩 알레르기가 심하므로 집에 땅콩 관련 음식을 들이지 않는다.

타협할 수 없는　　Q. 당신에게 절대 타협할 수 없는 경계는 무엇인가요?
경계 설정하기

타협과 양보 구분하기

타협은 보통 양쪽 모두에게 바람직한 결과를 낳습니다. 그러나 어느 한쪽이 너무 잘 협조하여 양보하는 상황이 벌어지지 않도록 주의해야 합니다. 경계와 씨름하는 많은 사람들이 타협과 양보를 혼동하는 경향이 있습니다. 양보는 한쪽이 전적으로 배려하거나 포기하는 걸 뜻합니다. 반면 타협은 양쪽이 주고받는 것이죠. 진정 상호적인 의미의 타협은 양쪽 모두 기분이 좋고 생산적인 과정입니다. 하지만 갈등 상황이 두려워서, 꿈쩍도 하지 않는 상대에 지쳐서, 욕구를 주장할 자신이 없어서 중대한 문제에서 자주 양보하게 되면 욕구가 충족되지 않아 자존감이 손상됩니다.

그렇다면 경계를 양보하는 게 아니라 인정하고 수긍한다는 건 어떻게 알 수 있을까요? 바로 생각이나 감정, 신체적 감각에 집중하는 것입니다. 타협할 때보다 양보할 때 우리의 생각이나 감정, 신체적 감각이 더 명확하게 변하기 때문입니다. 당연히 일방적으로 양보하게 될 때면 상대에 대한 나쁜 생각이 떠오르고 감정은 왠지 모르게 이용당한 것 같다는 기분이 듭니다. 때론 머리가 아프거나 숨이 가빠지는 신체적 변화도 나타납니다.

여러 이유로 자꾸만 경계를 양보하게 된다면, 경계를 타협할 때 다음과 같은 말을 사용해보세요. 타협은 양쪽 모두에게 좋은 결과를 낳아야 한다는 걸 잊지 않을 수 있을 것입니다.

"당신 생각을 듣고 싶어요."

"이렇게 해보고 안 되면 다시 협상하죠."

"전 이게 더 좋은데, 어떤 게 더 좋으세요?"

"전 우리 둘에게 맞는 해결책을 찾고 싶습니다."

"어떻게 하면 우리 둘의 욕구를 전부 충족할 수 있을까요?"

"우리 둘 다 조금씩 양보할 생각이 있다면 분명 합의할 수 있을 거예요."

"우린 같은 목표를 가지고 있는 것 같아요. 그럼 세부 사항들을 정리해 볼까요?"

"전 당신의 이러이러한 도움이 필요해요. 당신은 내가 어떻게 도와주길 바라죠?"

"전 이러이러한 방식으로 원하는 바를 얻고자 합니다. 당신은 어떤 방식이 좋은가요?"

| 양보했던 경험 떠올리기 | Q. 경계를 타협하다 그냥 양보한 적이 있나요? 그때 어떤 생각과 기분이 들었나요? |

예) 팀에서 돌아가면서 탕비실 커피를 채워놓는데 선배가 자기 순번이 왔을 때 바쁘다며 나에게 떠넘겼다. 나는 그럼 앞으로 서로 바쁠 때는 순번이 와도 대신해주기로 하자고 했지만 선배는 자기가 나보다 일이 더 많은데 어떻게 나 대신 자기가 해줄 수 있겠냐고 말했다. 선배의 강압적인 태도에 나는 결국 경계를 철회했다. 서로 동등한 관계가 아닌 상하관계이다 보니 선배에게는 경계를 명확히 긋기 어렵다. 당시 선배의 귀찮아하는 태도에 매우 상처받았고 이 불합리함을 다른 팀원들이 모른 체하는 것 같아 많이 실망했다.

경계를
적극적으로
표현하기 위한 연습

경계를 설정하고 이를 전달하기 위해 어려운 대화를 하는 것에 불안을 느끼는 건 당연한 일입니다. 그래서 연습이 필요하죠. 적극적인 의사소통을 연습하고 어려운 대화 상황을 대비하기 위한 기술을 알려드릴 테니 함께 연습해볼까요?

대본 쓰기

경계를 설정하는 연습 중 가장 효과적인 방법은 하고 싶은 말과 어떻게 말할 것인지 대본을 써보는 것입니다. 여기에는 상대가 어떻게 반응할지 예상한 것도 포함해야 돼요. 그리고 대본을 썼다고 꼭 그대로 할 필요는 없어요. 대본 쓰기는 자신감은 높이고 불안은 줄이기 위한 과정이며 동시에 잠재적인 문제를 예상하고 대비하는 데 목적이 있습니다.

대본을 썼다면 큰 소리로 두세 번 읽어보세요. 막상 말로 해보면 어색한 표현들이나 자꾸 발음이 안 되는 부분들이 있습니다. 그런 부분은 수정합니다. 녹음해서 들어보며 말투와 뉘앙스를 파악해보는 것도 좋습니다.

나만의
대본 쓰기

Q. 설정해야 할 어려운 경계에 관해 대본을 써보세요.

성공한 모습 시각화하기

성공적으로 경계를 설정한 모습을 시각화합니다. 조용한 곳을 찾아 편안한 기분으로 눈을 감고 경계 설정을 성공한 후의 모습을 그리는 겁니다. 물론 어려운 경계 설정을 위해 차분하지만 적극적으로 말하는 내 모습도 함께 상상해야 합니다.

어디에서 어떤 상대에게 어떤 말을 하고 있는지, 제삼자가 되어 나를 바라본다는 느낌으로 시각화해봅니다. 그때 나의 기분이 어떨지 상상해봐도 좋습니다.

나의 모습
시각화하기

Q. 상상한 시각화를 묘사해보세요.

안전한 사람들과 연습하기

경계 설정하는 법을 연습할 때 평소에도 대하기 어려운 사람들에게 먼저 시도하지 마세요. 대신 다정하며 나를 존중해주는 사람들에게 먼저 시작합니다. 저는 이들을 '안전한' 사람들이라고 불러요.

내게 안전한 사람들은 나의 안위를 걱정해줍니다. 그래서 내가 요청한 경계에 호의적으로 반응할 가능성이 높죠. 안전한 사람들에게 먼저 경계 설정을 시작하는 건 성공적인 경계 설정과 타협으로 이어질 가능성이 크고 이는 자신감과 동기를 높여줍니다. 경계 설정에 점점 더 능숙해질수록 대하기 어렵거나 내 삶에서 문제가 되는 사람들에게 경계를 설정하는 일이 가능해질 거예요.

내게 안전한
사람들

Q. 경계 설정 연습을 할 수 있는 안전한 사람들은 누구인가요? 왜 그들을 안전한 사람들이라 말할 수 있나요?

다른 사람의 경계 설정법 확인하기

다른 사람들은 경계를 어떻게 설정하는지, 어떤 것이 잘되고 잘 안 되는지, 나는 그들과 무엇을 같게 하고 다르게 할 것인지 깨닫는 과정에서 많은 것을 배울 수 있습니다.

몇 주 동안 내가 자주 또는 규칙적으로 만나는 사람들이 어떻게 경계를 설정하는지 주목하세요. 예를 들어 나의 형제 자매는 어떻게 필요한 것을 부모님께 요구하는지를 보거나, 나의 배우자는 내게 어떤 게 괜찮고 어떤 게 안 괜찮은지를 어떤 방식으로 알리는지를 보는 겁니다. 그들의 말투와 단어 선택이 얼마나 효과가 있는지도 살펴보면 좋습니다.

주변의 경계
설정법 관찰하기

Q. 주변 사람 중 경계가 명확한 이를 골라 그가 경계를 어떻게 설정하는지 관찰해보세요. 관찰 후 배운 점이 있나요?

긍정적인 응답 강화하기

행동심리학에서 하는 기본적인 주장 중 하나는 사람들이 긍정적인 강화에 의해 배우고 동기 부여를 받는다는 것입니다. 누군가의 행동에 긍정적으로 반응하면 해당 행동이 반복될 가능성이 크다는 의미죠.

그러니 누군가가 나의 경계와 요청에 호의적으로 반응할 때 그들에게 그 사실을 반드시 알리세요. 웃거나 다정한 표정을 지으면서 "내 얘길 들어줘서 정말 고마워", "이런 얘기 듣는 게 힘들다는 걸 나도 잘 알아", "같이 해결책을 찾을 수 있어 기뻐"와 같은 말을 덧붙이는 겁니다. 물론 상황과 상대에 따라 어떤 식의 긍정적인 강화 형태를 선택하느냐는 달라질 수 있습니다.

긍정적 강화 찾기

Q. 내가 해볼 만한, 또는 들어보았던 긍정적 강화의 말은 무엇이 있을까요?

상대에게 조정할 수 있는 시간 주기

몇 년 동안 아무 말 않고 상대의 모든 요청을 받아주다가 갑자기 어느 날 경계를 설정했다며 단칼에 거절하기 시작한다면, 상대는 어떤 반응을 보일까요? 아무리 나의 경계가 타당하다 하더라도 충격을 받을 수밖에 없습니다. 특히 경계를 설정하기 위해 노력하고 있다는 점을 상대에게 말하지 않으면 상대는 달라진 나의 행동에만 초점을 맞추어 혼란스러워하고 화를 내죠.

살다 보면 경계를 설정하려는 시도에 저항하는 사람이 몇 명 있을 수 있지만, 경계를 설정하는 이유를 이해시키고 적응할 시간을 준다면 대부분은 나를 지지해줍니다.

조이도 동생 개비에게 충분한 설명을 해주었습니다. 두 사람의 대화를 볼까요?

조이: 나 앞으로는 엄마한테 돈을 빌려주지 않을 거야. 그리고 다음 달부터는 월요일마다 네 일을 도와줄 수도 없어. 너나 엄마한테 화난 건 아니야. 이건 나 자신을 위해 해야 하는 일이야.

개비: 그래도 그렇지, 갑자기 이러는 게 어디 있어? 요즘이 내 사업 가장 바쁠 때인 거 알잖아?

조이: 나도 지친 것뿐이야. 게다가 갚아야 할 빚도 있고. 이젠 나도 내 가정이 생겼는데 언제까지고 엄마와 너한테 붙들려 있을 순 없잖아. 아이들이 요즘 나를 얼마나 찾는데. 계속 이런 식으로 사는 건 내 정신 건강에도 안 좋고 우리 애들한테도 좋지 않아.

개비: 하지만 솔직히 언니가 나랑 엄마를 버리려는 것처럼 보여.

조이: 그런 게 아니야. 내가 더 건강한 경계를 설정하려 노력하는 중인 걸 알아줬으면 좋겠어. 분명 나중엔 너와 나 그리고 엄마한테도 지금 이 결정이 더 좋았다는 걸 알게 될 거야.

개비: 그래, 알겠어. 엄마는 언니 마음을 몰랐던 것 같아…. 그리고 나도 그랬던 것 같네.

조이: 엄마도 이해해주실 때까지 내가 설득할 거야. 그리고 너도 혼자 힘으로 사업을 이끌어나갈 수 있을 거고. 잘할 거야, 너라면. 내가 너 믿으니까 이런 이야기할 수 있었던 거야. 알지?

죄책감 없이
거절하기 위한 연습

'아니오'라는 말은 죄책감을 유발하기로 악명이 높습니다. 많은 사람이 이 말을 가혹하거나 이기적으로 보일까 봐 피하죠. 남의 감정을 상하게 하거나 힘들게 하고 싶지 않은 건 누구나 마찬가지니까요. 혹은 타인에게 도움이 되고 싶고 흔쾌히 제안을 승낙하는 사람으로 비치고 싶어 '아니오'라는 말을 회피하기도 합니다.

충분히 이해할 수 있습니다. 하지만 '아니오'라고 말하기는 경계 설정에 필수입니다. 원치 않는 간섭이나 그럴 필요가 없는 것들에 헌신하지 않도록 나 자신을 보호해주기 때문이죠. 또 '아니오'는 욕구와 독립성을 주장하는 가장 기본적인 방법이기도 합니다.

그럼 어떻게 해야 죄책감 없이 거절하고 부정할 수 있을까요?

난 정해둔 방식이 있어

《죄책감 없이 거절하는 법How to Say No Without Feeling Guilty》(2001)의 저자 패티 브라이트먼Patti Breitman과 코니 해치Connie Hatch는 '나는 정해둔 방식이 있다'라는 문구를 사용해보라고 제안합니다. 차를 빌려달라는 부탁에 "미안하지만 차는 빌려주지 않는 게 내 룰이야"라고 하거나 퇴근 후 술을 마시자는 제안에 "평일 저녁에는 술을 마시지 않는 게 내 방식이야"라고 답하는 겁니다.

브라이트먼과 해치는 정해둔 방식이 있다는 건 특정 요청이나 상대가 원인이 아니라 일반적으로 정해둔 원칙에 따라 거절하는 일이므로 상대방 때문에 거절한다는 느낌을 덜 준다고 말합니다. 또 해당 문제에 관한 경계를 설정할 때 충분히 깊게 생각했다는 뜻을 전달하기도 한다고 하죠.

물론 정해둔 방식이 있다는 게 부담스러운 상황에서 하는 변명이 되어선 안 됩니다. 친구에게 비싼 물건을 빌려주지 않거나 평일 밤에는 술을 마시지 않는다는 등 나만의 방식을 정하려고 한다면 반드시 고민하고 우선순위를 반영하세요.

우선순위 반영한 나만의 방식 정하기

Q1. 나의 최우선순위의 가치나 경계는 무엇인가요? 우선순위에는 끈끈한 가족 관계를 구축하거나 건강을 유지하거나 돈을 모으는 것 등이 해당합니다.

Q2. 위의 최우선순위를 침해하려는 이에게 '정해둔 방식이 있다'를 활용해 거절해보세요.

생각해볼게

혹시 누가 도움을 요청하면 일단 "알았어"라고 답하지는 않나요? 생각보다 많은 사람들이 도움을 요청받으면 알았다는 말부터 합니다. 별 고민 없이요. 그러나 아무리 바쁘게 흘러가는 삶이라도 즉각적으로 도와주고 나서야 할 상황이 그리 많은 것은 아닙니다. 솔직히 문자메시지들 중에도 답장을 빨리 해줘야만 하는 경우는 거의 없어요. 그럼에도 정말 많은 사람들이 문자메시지에 빨리 답하려고 가던 길을 멈추고 하던 일을 멈춥니다. 그러다 보니 내가 굳이 들어주지 않아도 되는 부탁이나 해줄 수 없는 일을 도와주게 되는 경우가 생깁니다. 내 경계가 완전히 망가지는 것이죠.

특정 약속이나 부탁에 동의하는 속도를 늦추세요. 시간을 갖고 요청에 관해 생각해보세요. 결정하기 전 나의 일정을 확인하고 우선순위를 검토하는 과정은 필수입니다.

즉시 응답해야 하는 경우라도 다음 문구 중 하나를 사용해 상대에게 생각할 시간을 요청해야 합니다.

"일단 생각해볼게요."
"내일 알려드려도 될까요?"
"제 일정을 확인하고 답변드리겠습니다."
"잘 모르겠어요. 알아보고 다시 연락할게요."
"남편과 상의해보고 싶어요. 금요일에 전화로 알려드릴게요."

신중히 생각할 수 있게 결정을 미뤄도 괜찮습니다. 문제를 그냥 넘어가지 않고 잠시 시간을 가진 다음 확정적인 답변을 주는 게 중요하죠. 이 접근법은 비록 대답이 '아니오'일지라도 상대가 존중받는다는 느낌을 받게 해줍니다.

절반의 진실과 거짓

때로 우리는 진실에 절반의 거짓을 섞어 거절을 하기도 합니다. 친구의 감정 쓰레기통이 되지 않기 위해 저녁 약속 제안에 선약이 있다고 하는 것이나, 정치적 견해가 다른 사람과 함께 있기 싫어 아이가 아프다고 거짓말을 하는 것, 혹은 휴가 때 걸려온 상사의 연락에 전화가 잘 안 터지는 곳에 있다며 뚝 끊어버리는 것이 그렇습니다.

거짓말이 항상 반드시 잘못된 건 아닙니다. 다만 경계 설정 같은 어려운 대화를 피하기 위해 거짓말에 너무 의존하지 않도록 주의해야 하죠. 거짓말은 관계를 손상할 수 있습니다. 특히 거짓말을 들킬 때 그렇죠. 또 진실이 절대 드러나지 않더라도 거짓말을 했다는 자체로 죄책감을 느낄 수 있어 개인의 내면에 나쁜 영향을 끼치기도 합니다.

거짓말로 거절하기 전 스스로에게 다음과 같은 질문을 해보세요.

- 이 거짓말이 관계를 해칠 것 같은가?
- 솔직하면서도 다정하게 말할 방법은 없을까?
- 이런 상황에서 거짓말을 하면 어떤 기분이 드는가?
- 필요한 것을 솔직하고 직설적으로 말하려 노력했는가?

말보다 행동이
필요한 상황들

지금까지는 말로 경계를 소통하는 것에 초점을 맞췄지만 경계는 비언어적으로도 소통할 수 있습니다. 언제나 말이 경계를 소통하는 데 가장 좋은 방법인 건 아니에요. 때로는 본인이나 타인을 보호하는 조치를 취할 때, 말로 하는 설명이 도움이 되지 않거나 상황을 오히려 악화시키는 경우도 있거든요. 차라리 행동을 통해 경계를 보여주는 것이 더 나을 때가 있습니다.

어떤 내담자는 평소 거부감이 느껴질 만큼 과한 신체 접촉을 해오는 삼촌 때문에 오랫동안 스트레스를 받았습니다. 그때마다 만지지 말라고 말했지만 삼촌은 이 내담자의 '원치 않는 신체 접촉을 하지 않을 욕구'를 무시했죠. 그래서 이 내담자는 삼촌이 오는 날엔 아예 방으로 들어가 문을 잠가버리거나 외출을 하는 등 행동으로 경계를 표현했습니다. 이런 상황에서 이 내담자는 왜 자리를 옮기는지 굳이 삼촌에게 설명할 필요가 없었습니다. 오히려 말을 하지 않으니 피하고 싶은 주제를 이야기하지 않을 수 있어 스트레스도 덜 받았다고 합니다.

여러분도 어떤 상황에서는 경계를 말로 설정하는 대신 행동하는 방향을 고려해보세요. 예를 들자면 다음과 같은 상황일 경우엔 일단 행동부터 하는 게 더 낫습니다.

- 약이나 술에 취한 사람을 상대할 때
- 위험한 무기를 휘두르는 사람이 있을 때
- 비이성적이며 위험하고 변덕스럽게 행동하는 사람을 만났을 때
- 전에 말로 경계를 설정했지만 계속 반복해서 위반하는 상대일 때
- 나의 경계를 말로 설명하면 다툴 확률이 높거나 도리어 내가 비난받을 수 있는 상대일 때

말보다 행동하기	Q. 주변의 아는 사람 중 경계에 관해 설명하는 것보다 행동하는 게 더 나을 것 같은 상대가 있나요? 왜 그런지 이유를 생각하고 그에게 경계를 어떻게 행동으로 보여줄지도 생각해보세요.
	예) 가부장적이고 고압적인 할아버지. 할아버지는 평생 나보다 남동생을 더 아끼셨기 때문에 나와 남동생 사이에서 벌어지는 경계 갈등에서 언제나 남동생 편만 드신다. 만일 남동생과 나 사이에 타협이 필요한 상황에서 할아버지가 끼어드신다면 즉각 남동생과 대화를 끝내고 다른 일을 할 것이다. 너무 무례하지 않게, 그러나 휘말리지도 않게!

5챕터를 마무리하며

5챕터에서는 효과적인 의사소통의 구성 요소를 사용해 경계를 소통하는 방법, 경계 설정을 위한 연습, '아니오'라고 말하는 방법, 때로는 설명보다 행동이 더 도움이 된다는 점을 배웠습니다. 의사소통 기술은 어렵기 때문에 지속적으로 연습해야 하며 내용과 방식을 조정하는 경우가 많습니다. 그럴 땐 5챕터를 다시 읽어보며 힘을 내세요.

다양한
경계 거절의 말들

"난 관심 없어."
"아니, 괜찮아. 됐어."
"그건 나한테 맞지 않아."
"다음번에 하는 건 어때?"
"난 이미 다른 걸 예약했어."
"지금은 타이밍이 좋지 않아."
"이번에 도와주지 못해 미안해."
"나도 그러고 싶지만 도저히 못 하겠어."
"그건 내가 지금 할 수 있는 일이 아니야."
"흥미롭긴 한데 내 우선순위와 맞지 않아."
"내가 도움을 줄 적임자라고 생각하지 않아."
"생각해줘서 고마워. 나도 정말 그러고 싶어."
"재밌을 것 같은데 지금은 그럴 여유가 없어."
"그건 내가 잘할 수 있는 분야가 아니니 거절할게."
"나도 그러고 싶지만 이미 난 내 능력 이상의 일을 했어."
"요새는 가정에 집중하고 있어서 다른 약속은 잡지 않고 있어."

CHAPTER 06 경계를 무시당할 때는 어떻게 하나요?

5챕터까지는 나의 경계를 확인하고 다른 사람과 소통하는 법을 연습했습니다. 하지만 설정해놓은 경계가 침범당하거나 무시당하는 경우가 부지기수죠. 이를 경계 위반이라고 합니다. 타인의 경계 위반을 어떻게 처리할 것인지 고민하고 경계 위반이 관계에 미치는 영향을 살펴봅시다.

고통스러운
경계 위반 경험들

경계를 설정했는데도 지속적으로 무시당하거나 진지하게 받아들여지지 않아 힘들었던 적이 있나요? 아마 경계를 설정해본 사람이라면 대부분 경험해봤을 거예요. 혹은 내 경계에 동의한 듯해놓고 끝까지 실천은 하지 않는 상대를 겪어봤을 수도 있을 거고요. 이런 경계 위반 경험은 매우 고통스럽습니다.

메르세데스 역시 엄마에게 매번 경계를 무시당했습니다. 메르세데스의 엄마는 메르세데스가 먹고 싶은 걸 먹고자 하는 욕구를 충족하고자 경계를 그어도 자꾸만 경계를 위반해왔습니다. 어느 날은 메르세데스가 감자튀김을 한 접시만 더 먹으려고 하자 엄마가 메르세데스의 손을 탁 쳐냈죠.

"더 먹으려고? 감자튀김 그만 먹고 샐러드 먹어라."

"싫어요, 엄마. 감자튀김 더 먹고 싶어요."

"너 몸매 걱정 안 되니? 계속 살이 찌기만 하잖아."

"엄마, 내가 몇 번 말씀드렸잖아요. 난 다 큰 성인이고 내 몸무게 정도는 내가 알아서 관리할 수 있어요. 그러니까 먹는 거 간섭은 그만해 주셨으면 좋겠어요."

"난 네가 걱정돼서 하는 말이지. 넌 늘 그렇게 삐딱하게 구는구나."

"아무튼 내가 뭘 먹고 내 몸무게가 얼마인지에 관해 더는 언급 안 했으면 좋겠어요."

"난 별 뜻 없이 얘기한 거다. 넌 항상 방향을 잘못 잡는구나. 엄마가 너 미워하는 줄 아니?"

메르세데스의 엄마가 보인 경계 위반은 소극적으로 보이지만 동시에 관심과 걱정으로 위장해 있습니다. 그래서 계속해서 경계를 긋기가 어렵죠. 이와 반대로 아주 노골적이고 가혹하게 경계를 무시하고 침범하는 경우도 있습니다. 그럴 땐 심각한 자존감 손상을 입고 심지어는 몸이 아프기도 합니다.

경계 위반 경험
떠올리기

Q1. 경험한 경계 위반에는 어떤 것이 있나요?

Q2. 경계가 위반당했을 때 어떤 기분이 들었나요? 경계 위반을 한 상대와의 관계에는 어떤 영향을 미쳤나요?

경계 위반에
대응하는 법

　　　　　　어떤 대응을 할 건지 선택하기 전에 먼저 알아야 할 것이 있습니다. 경계 위반에 대한 내 반응을 좌우하는 요소들입니다.

　일단 이 경계 위반 상황이 나에게 얼마나 중요한지를 판단해야 합니다. 나의 자존감을 심각하게 훼손하거나 안전을 위협하는 문제라면 매우 중요한 것이라 판단할 수 있습니다. 혹은 일상의 루틴을 한 번 정도 깨야 하는 정도가 될 수도 있죠. 이런 경중을 판단해야 내 대응의 정도도 정해집니다.

　그다음 경계 위반을 겪으며 내가 느낀 감정의 종류와 강도를 판단합니다. 화, 짜증, 좌절, 절망, 슬픔과 같은 부정적인 감정이 강하게 느껴졌다면 이 또한 이 문제가 내게 중요하다는 의미입니다. 이처럼 경계가 내게 얼마나 중요한지, 경계 위반으로 내가 어떤 영향을 받았는지를 이해하면 대응 여부와 방법을 파악하는 데 도움이 됩니다.

관계의 본질과 중요성을 인식하는 것 또한 어떻게 반응해야 할지 정하는 데 도움이 됩니다. 예를 들어 누군가와 의미 있는 관계를 유지하고 싶다면, 낯선 사람이나 별 관심이 없는 사람에게 하는 것과는 다른 선택지들을 두고 생각하게 되죠.

경계 위반에 대응하는 가장 일반적인 방법은 5챕터의 경계 의사소통을 사용해 적극적으로 나서는 것입니다. 만약 경계를 위반당하고도 아예 언급조차 하지 않거나 너무 수동적으로 대응하거나 또는 지나치게 공격적으로 나선다면 내가 원하는 경계 설정은 영영 힘들어집니다.

경계 위반 중에서 특정 요청을 하지 않았거나 듣지 못했거나 또는 이해하지 못해 발생한 상황에서는 다른 조치를 취하기보단 상대에게 다시 경계를 말하는 게 낫습니다.

누군가 반복적으로 나의 경계를 무시한대도 그것이 내가 잘못 행동하고 있거나 이 사람과는 경계를 설정하지 말아야 한다는 뜻은 아닙니다. 다른 접근법이 필요하다는 의미이죠(반복해 경계를 위반하는 사람을 다루는 법은 11챕터를 참고하세요).

결과 집행하기

결과 집행은 경계 위반에 대응해 자신을 보호하려는 목적으로 수행하는 것입니다. 경계 설정이 상대를 처벌하는 데 목적이 있는 것이 아니라 나를 보호하는 데 목적이 있듯, 경계 위반에 따른 결과 집행 역시 처벌이 아니라 자기 보호가 목적이어야 하죠.

폭력을 쓰는 배우자에게 더는 폭력을 쓰지 말라고 경계를 설정했으나 계속해서 배우자가 폭력을 행사한다면, 경계 위반을 한 것입니다. 이때 폭력을 피해 나의 안전을 보장하는 결과 집행 방식은 방을 박차고 나가는 것부터 변호사와 상담하거나 배우자의 원치 않는 성관계 요구를 거부하는 것이 있을 수 있습니다. 분명 배우자에게 똑같이 폭력으로 보복하고 싶겠지만, 그 결과 집행은 처벌이 될 뿐 자기 보호로 이어지지 않습니다.

물론 '내 경계를 어기고 날 푸대접한 사람을 처벌하는 게 뭐가 문제인가요?'라는 생각이 들 겁니다. 보복하고 싶은 심정은 충분히 이해합니다. 하지만 보복은 아주 강력하고 즉각적이어서 자기 보호가 가능해 보여도 실상은 그렇지 않습니다. 오히려 갈등을 지속시켜 스스로를 더 위험에 빠뜨립니다. 또 애초에 문제가 되었던 경계 위반 행동이 사라지고 여러 관계에서 더 많은 적대감을 만들어냅니다.

결과 집행은 정당한 자기주장입니다. 나와 다른 사람을 함께 존중하는 방식으로 스스로를 지지하는 거죠.

결과 집행하는 법

몇 가지 결과 집행에 관한 사항을 확인했으니 이제 그 방법에 초점을 맞춰보죠.

경계를 위반당하면 감정이 격해지기 쉽습니다. 상처받아 화가 나고 당황스럽죠. 그럴 때면 우리는 최선의 결정을 내리지 못하게 됩니다. 그러므로 말하거나 행동하기 전에 내가 가진 선택지를 잘 생각해보고

5챕터의 전략을 사용한 다음 감정의 강도를 낮추세요. 그래야 최후통첩이나 협박을 하지 않을 수 있으니까요.

상황에 따라 집행하려는 결과를 말로 전할 수도 있고 그렇지 않을 수도 있습니다. 엠마와 마야의 이야기에서 두 접근법의 차이를 잘 알 수 있죠.

엠마는 남자 친구 헨리가 바람을 피우고 있다는 사실을 알고 상처받고 분노했습니다. 그러나 엠마는 헨리와의 관계를 회복하고 싶었죠. 또한 스스로의 다친 마음도 달래고 싶었습니다. 그래서 엠마는 경계를 설정하기로 했습니다.

"난 또다시 너에게 상처받고 싶지 않아. 무너진 우리 신뢰를 회복하고 싶다면 앞으로 다른 여자와는 그 누구와도 연락하지 마. 그러지 않으면 너와의 동거를 끝낼 수밖에 없어."

한편 마야는 새로운 직장 동료 안젤라와 아주 빠른 시간 안에 친해졌습니다. 두 사람은 매일 점심을 함께 먹었고 둘 다 좋아하는 리얼리티 쇼프로그램에 대해 재미있게 이야기를 나누었죠. 하지만 마야가 나이가 훨씬 많은 남자와 교제하고 있다고 말하자 안젤라는 비판적인 태도를 보였습니다. 심지어 함께 점심을 먹을 때마다 계속 마야의 남자 친구를 비난했습니다. 마침내 마야는 마음에 상처를 입었고 안젤라와 멀어지기로 했습니다. 점심시간에는 오전 업무를 이어서 했고 안젤라와 같이 보던 쇼프로그램도 보지 않았습니다. 그렇게 안젤라와 보내는 시간을 줄여나갔죠.

엠마는 말을 행동으로 옮기기 전 헨리에게 자신이 집행할 결과를 말했습니다. 반면 마야는 안젤라에게 아무 말도 하지 않고 결과를 집행했죠. 누가 옳고 누가 그른 게 아닙니다. 엠마는 관계의 중요성, 신뢰와 안전함을 다시 쌓고자 하는 열망, 결과를 집행했을 때의 심각성을 고려하여 결과 집행 전 헨리에게 알리는 것이 적절하다고 생각했습니다. 만약 그런 말을 했을 때 헨리가 폭력을 쓰거나 가스라이팅을 할 것 같았다면 아무 설명 없이 헨리와 사는 집에서 나갔을 거예요. 마야의 경우엔 비록 안젤라와 급속히 친해졌지만 굳이 마야가 관계 유지에 신경을 쓸 만큼 친밀했거나 오랜 시간 관계를 맺어온 게 아니었습니다. 그래서 집행할 결과에 대해 설명할 필요 없이 자연스럽게 거리를 둔 것입니다.

결과 집행에 관해 먼저 설명할지 아니면 설명하지 않을 것인지 결정하기 어렵다면 다음 사항들을 고려해보세요.

- 경계 위반의 정도가 심각한가?
- 이 관계가 나에게 얼마나 중요한가?
- 집행될 결과를 설명하는 게 더 안전한가?
- 상대에게 변하지 않을 것 같은 경계 위반 패턴이 있는가?

결과 집행
연습하기

Q. 6챕터 시작 부분에 실린 메르세데스의 이야기(146쪽)로 돌아가, 나라면 어떻게 결과를 집행할지 생각해봅시다.

어려운 선택하기

때로 경계 위반에 따른 결과를 집행했다가 많은 것을 잃기도 합니다. 배우자에게 바람을 피우면 떠나겠다고 말하기는 쉽지만, 그 결과로 손해를 볼 수 있는 게 현실이죠. 금전적인 안정성, 집, 나를 지지해주는 배우자의 가족, 자녀들이 느끼는 안정성은 배우자와 헤어지는 것을 극도로 어렵게 만듭니다.

그리고 어떤 상황에서는 나의 욕구가 완전히 충족되지 않는다는 사실을 받아들여야 합니다. 특정 경계를 설정하면 이어져 오던 거래를 파기한다는 의미가 되어서, 혹은 그 경계와 관련되지 않은 제삼자와의 관계까지 끊어져서, 나의 재산 일부나 소중한 사람을 내 곁에 둘 수 있어서 경계 위반에도 아무런 행동을 할 수 없는 경우죠. 이렇게 많은 위험이 있을 때는 경계 위반에 따른 결과를 집행하기조차 어려울 수 있습니다.

하지만 아무것도 하지 않으면 그 대가는 훨씬 더 큽니다. 나의 자존심과 안전, 건강, 자부심 그리고 때로는 아이들의 건강과 행복마저 대가로 내줘야 합니다.

로저와 주디의 딸 사라는 열여덟 살에 교통사고를 당한 뒤 진통제에 중독된 후로 고통스러운 삶을 살았습니다. 서른두 살엔 노숙자가 되어 감옥에서 복역했고 약물 중독 치료를 하면서도 끊임없이 헤로인을 복용했습니다. 로저와 주디는 그런 딸을 향한 걱정을 멈출 수 없었습니다. 그래서 사라가 임신 6개월째인 몸으로 나타났을 때 집에 돌아온 걸 환영했고 약물 중독에서 벗어날 수 있도록 도와주었습니다. 하지만 사라는 출산하자마자 다시 마약에 손을 댔습니다. 시도 때도 없이 집을 드나들며 도둑질을 하더니 로저와 주디를 향해 차마 입에 못 담을 말을 내뱉기도 했습니다. 로저와 주디는 사라의 행동을 용납할 수 없으며 행동을 고치지 않는다면 집을 떠나야 한다고 필사적으로 경계를 설정하려 했습니다. 그러나 두 사람이 경계 설정을 시도할 때마다 사라는 손녀를 데려가겠다고 협박했고 집을 나가 돌아오지 않기 일쑤였습니다. 지난 3년간 손녀를 애지중지 키워온 로저와 주디는 사라가 아이를 데려가는 건 견딜 수 없었습니다.

로저와 주디가 겪고 있는 딜레마에 공감하나요? 사라의 행동에 경계를 설정했고 위반하면 어떤 결과를 집행할지도 명확하지만, 그랬을 때 두 사람에게 소중한 손녀를 잃게 되는 상황이죠. 아주 어려운 선택을 해야 하는 겁니다. 그러나 로저와 주디는 아무것도 안 하는 대신 사라에게 결과를 집행했습니다. 손녀를 못 보는 일은 안타깝지만 사라의 행동은 두 사람의 안전에도 위협을 주고 있기 때문이었죠.

가끔은 경계 위반으로 인해 나나 다른 사람들이 상처받을 가능성이 높고, 심지어 안전까지 위협받는다면 어렵더라도 선택을 해야만 합니다. 무엇을 잃게 되는지와 무엇을 얻을 수 있는지를 정리한 후 행동해야 하죠.

경계 위반이 요구하는 선택들은 정말 어렵고 종종 인생을 바꾸는 결정이 됩니다. 글 몇 단락을 읽고 몇 가지 질문에 답한다고 명확한 정답과 온전한 평온을 찾을 수는 없을 거예요. 어떤 내담자는 선택을 하기까지 1년이 넘게 고민하기도 했습니다. 머뭇거려도 괜찮습니다. 자신의 선택에 관해 생각하고, 스스로의 감정을 충분히 느끼고, 신뢰하는 조언자와 상담하고, 명상하는 시간을 가지세요. 어려운 선택을 내릴 때는 빠른 결정이 중요한 게 아니라 끝까지 회피하지 않는 게 중요하니까요. 다만 너무 늦지 않게 최선의 결정을 내리도록 용기를 내세요.

이렇게 스스로에게 많은 걸 물어볼 때는 자신에게 친절하고 다정히 대해주세요.

| 어려운 선택에 대한 생각 정리하기 | Q1. 어려운 선택을 내려야 하는 경계 위반이 있나요? 그 선택은 무엇인가요?

Q2. 경계 위반에 대해 결과를 집행하고자 했지만 그러지 못한 일이 있었나요? 그 이유는 무엇인가요?

Q3. 대가를 치러야 함에도 결과 집행을 해야 한다면 잃을 수 있는 것과 얻을 수 있는 것을 명확히 분류해보세요.

6챕터를 마무리하며

6챕터에서는 경계를 위반당했을 때 처벌이 아닌 나를 보호하는 결과 집행을 어떻게 할 것인지 살펴보았습니다. 하지만 경계 설정이 어려운 것처럼 결과 집행 또한 어렵습니다. 종종 경계 위반은 좋은 선택지를 하나도 남기지 않거든요. 안전, 자존감 그리고 행복을 되찾는 유일한 방법이 관계를 끝내는 것, 직장을 떠나는 것, 이사하는 것, 또는 나에게 중요한 무언가를 포기하는 것이 되기도 합니다. 아직은 결과 집행이 어렵다고 생각할 수 있지만 조금씩 준비를 해나가면 자신 있게 해나갈 수 있습니다.

PART 3

삶의 여러 영역별 적절한 경계를 만드는 법

"어떤 상황에서든 내 욕구를 존중받겠습니다"

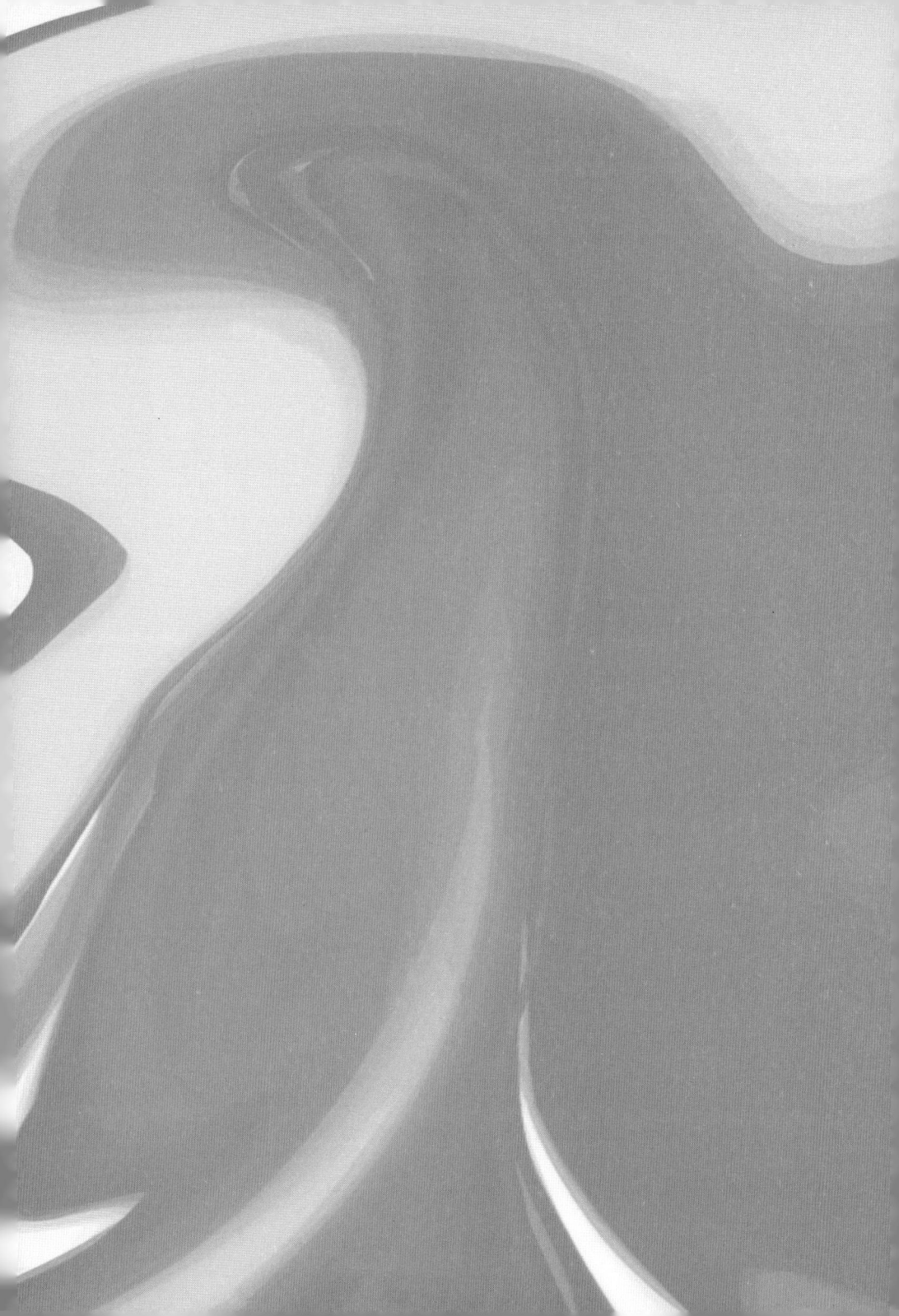

CHAPTER 07

직장에서 어떻게 경계를 만드나요?

3파트에서는 삶의 여러 영역에서 이루어지는 경계 설정을 연습할 예정입니다. 지금까지 배운 경계 설정 기술을 활용하면 특정 상황에서 경계를 설정할 때 보다 더 효과가 있을 거예요. 먼저 7챕터에서는 직장에서의 경계 문제를 다루는 법을 살펴보도록 하죠.

직장에서
성실한 사람이
이용당하는 이유

　상사가 야근을 하지 않으면 안 될 만큼 많은 일을 준 적이 있나요? 바쁜 척은 혼자 다 하는데 알고 보면 나보다 일도 적고 게으름만 피우는 동료는 없었나요? 일하는데 자꾸 뒤에 와서 내가 뭐 하는지 슬쩍슬쩍 확인하는 상사는요? 사무실에 냄새가 나는 것도 아랑곳하지 않고 과자를 쩝쩝대는 동료가 있을지도 모르겠군요. 성희롱이나 임금 미지급처럼 극단적인 직장 내 경계 문제와 비교하면 아주 사소한 것 같아도 직접 당해보면 매우 불편하고 업무를 방해하는 행동들입니다. 업무 시간에는 집중을 방해받고 싶지 않은 욕구를 가진 많은 직장인들을 좌절케 하는 경계 침해죠. 이처럼 직장 내 경계 문제는 우리의 건강과 행복에 심각한 부정적 영향을 미치고 사생활에도 파급력을 지닙니다.
　직장에서의 경계는 상사, 동료, 고객 및 기타 관계자에게 내가 무엇을 원하고 무엇을 할 의향이 있는지 알려주며 학대나 이용당하는 것,

과로, 육체적으로 다치는 상황으로부터 보호하는 역할을 합니다. 또 내가 책임져야 할 것과 그렇지 않은 것을 정의해주기도 합니다.

병원에서 교대 근무를 하는 행정직원인 오드리는 오후 3시가 퇴근 시간이지만 꼭 필요한 서류 작업이 있을 땐 늦게까지 병원에 남아 있는 편이었습니다. 그런데 가끔 오드리의 선배 디애나는 오드리가 남아 있을 때 자기가 해야 할 서류 작업을 넘기고 갔습니다. 때론 먼저 퇴근 해놓고 야근 중인 오드리에게 전화를 걸어 질문을 해댔고, 심지어 쉬는 날엔 보험 관련 일을 처리하라며 출근을 종용했습니다. 오드리는 초반엔 선배인 디애나에게 좋은 인상을 남기고 싶었고 다들 그렇게 추가 근무를 하는 것으로 알고 디애나의 요구를 참았습니다. 그런데 추가 근무 수당을 받기 위해 결재 서류를 올리자 디애나가 이를 돌려보냈습니다. 정당한 사유가 없는 추가 근무는 수당을 주지 않는 게 회사 방침이라는 것이었습니다. 결국 오드리는 자신이 이용당했다는 생각이 들었고 디애나의 불합리한 행동에 반기를 들고 싶어졌습니다. 그만둘 생각까지 하면서요. 그러나 마음속 한구석에서는 자신에게 이 일이 매우 만족감을 준다는 점과 이 병원에 들어오기 위해 노력했던 일들이 걸려서 쉽사리 행동할 수 없었습니다.

오드리의 이야기가 혹시 익숙하게 들리지는 않나요. 오드리는 자기 일에 많은 공을 들이고 담당 업무를 잘 해내고 싶었지만 정작 스스로를 보호할 경계는 설정하지 않았습니다. 오드리는 자신의 시간을 존중받지 못했고 정당한 보수도 보호받지 못했습니다. 이에 대해 디애나에게 경계를 설정했었어야 했죠. 직장에서 적절한 경계가 없으면 이처럼 심한 신체적·정신적 고통을 받게 됩니다.

나의 직장 내 경계 확인하기

Q. 현재 나의 업무 상황을 되돌아보며 내가 직장 내에서 경계를 잘 설정했는지 생각해보세요. 지금 급여를 받는 일을 하고 있지 않다면 봉사활동이나 학교생활 등을 참고해도 됩니다.

직장 경계 설정의
걸림돌을 극복하는 법

　　　　　직장에서의 경계 설정은 어떤 면에서 보면 사생활에서 경계를 설정하는 것과 비슷합니다. 더 나은 경계를 설정하는 4단계(4챕터)와 경계를 의사소통하는 방법(5챕터)을 이용해 경계 설정을 구상해볼 수 있거든요. 그러나 업무 관계, 역할, 규범, 힘의 차이 등 직장에는 몇 가지 특별한 걸림돌들이 존재합니다.

　특히 직업을 잃을지 모른다는 두려움이 직장에서의 경계 설정에 가장 큰 걸림돌입니다. 상사에게 경계를 설정했다가 해고당하면 어쩌나 하는 걱정에 경계 설정을 포기하는 분들이 많죠. 그러나 경계를 설정하지 않아 생기는 부정적인 결과들을 생각한다면 걸림돌들을 극복하고 나아가야 합니다.

무력감에 대처하기

경계를 설정하고자 한다면 경계를 설정하거나 공정한 대우를 받을 권리가 없다는 잘못된 믿음을 극복해야 합니다. 3챕터에서 우리는 개인권을 확인하고 누구에게나 기본적 권리가 있다는 점을 인지했습니다. 그때 정리한 개인권 리스트는 사생활에서든 직장에서든 적용됩니다.

하지만 직장에서 자신의 권리에 관해 무력하거나 불확실하다고 느껴진다면 직장에서의 특정 권리를 확인하는 게 도움이 됩니다.

직장에서의 권리

직장에서 우리 모두 지닐 수 있는 권리들입니다. 여러분만의 권리도 적어보세요(최대한 보편적인 권리들을 나열하려 노력했지만 개인의 업무 상황이나 위치에 따라 각자의 권리가 다를 수도 있다는 점을 참고해주세요).

- 나는 거절할 권리가 있다.
- 나는 존중받을 권리가 있다.
- 나는 휴식을 취할 권리가 있다.
- 나는 안전한 직장에 다닐 권리가 있다.
- 나는 합의된 조건에 따라 보수를 받을 권리가 있다.
- 나는 내가 한 일에 대한 공로를 인정받을 권리가 있다.
- 나는 안전하게 업무를 수행하는 데 필요한 장비나 자재를 소유할 권리가 있다.
- 나는 성별, 인종, 성적 성향, 종교, 나이, 장애 때문에 차별받지 않을 권리가 있다.

- 나는 _____할 권리가 있다.

나만의 직장 내 경계 설정하기

Q1. 직장 내 기본 권리를 참고하여, 내가 직장에서 설정할 수 있는 경계들을 적어보세요.

예) 주말에는 업무 지시를 받지 않을 것이다. 합의된 시간보다 추가로 일할 때 별도의 추가 수당을 받을 것이다.

Q2. 만약 내가 설정한 경계를 회사나 직장 동료 등이 받아들이지 않는다면 나 스스로 충족시킬 다른 선택지가 있을까요? 해당 상황과 관련된 다른 사람들이 바뀔 생각이 없거나 바뀔 수 없다면 나 스스로 근본적인 욕구를 충족시킬 방법이 있을까요?

예) 주말에 업무를 하면 평일에 조기 퇴근을 가능하게 조율한다. 추가 업무에 대한 수당을 받는 대신 인사평가나 연봉 협상 때 적극 반영한다.

제한된 선택 사항 처리하기

누구나 직장에서는 집에서만큼 자유로울 수 없습니다. 따라야 할 규칙도 많고 나에 대한 결정을 내리는 윗사람들이 있으니까요. 그렇다고 해서 이것이 무력하게 일해야 한다거나 경계를 설정할 수 없다는 걸 의미하지는 않습니다. 다만 선택지가 더 적을 수 있다는 것이죠.

일이 많은 로펌의 접수 담당자 데릭은 프런트 데스크에 앉아 전화를 받고 고객을 맞이하며 다양한 행정 업무를 수행합니다. 그는 로펌 소속의 변호사 마리나를 포함한 많은 동료와 친하게 지내고 있죠. 마리나는 매일 아침 인심 좋게 데릭이 좋아하는 커피를 가져다줍니다. 그러나 커피를 가져다주면 마리나는 장장 20분 동안 개인적인 고민에 관해 감정을 폭발시키고는 합니다. 데릭은 마리나를 좋아하고 늘 커피를 가져다주는 점은 고맙게 생각하지만, 일이 바쁜 데다 그녀의 부정적인 이야기를 듣다 보면 진이 빠지기 일쑤였습니다. 결국 데릭은 일이 바빠 이야기를 더 나눌 수 없다고 마리나에게 말했습니다. 하지만 마리나는 고집을 꺾지 않고 하고 싶은 말을 다 하고 나서야 자리를 떴습니다. 데릭은 답답했습니다. 업무상 마리나를 피할 방도가 없었기 때문입니다.

데릭은 마리나를 일주일에 5일은 만나야 합니다. 도서관이나 카페라면 낯선 사람이 계속 말을 걸 때 자리에서 일어나 피할 수라도 있지만 지금 그의 상황에서는 책상을 옮기거나 근무 시간을 바꿀 수가 없죠.

그러나 비록 제한이 있긴 해도 데릭에겐 마리나의 경계 위반과 관련한 선택지가 있습니다. 마리나에게 점심시간처럼 더 여유 있는 시간에 이야기하자고 하거나, 더욱 부드러운 말투로 다음에 이야기하자고 직접적으로 말하거나, 이 상황에 관해 자신의 상사에게 논의해보거나, 몇 주 커피를 끊거나, 정 안 되면 휴가를 가는 것입니다. 이 선택지 중 이상적인 게 없을 수 있습니다. 그래도 데릭처럼 문제가 해결될 희망도 없고 무력하다고 느끼는 상황이라면 일을 그만두거나 끝없이 고통받는다는 선택을 하는 것보다는 나을 것입니다. 부정적인 해결책을 받아들이기보다 내가 설정하기 힘든 경계에 대해 알고 해당 문제를 해결하기 위한 다른 경계를 생각하는 게 훨씬 쉽다는 거죠.

직장에서 어떻게 경계 문제를 처리할지 선택할 때는 해당 문제에 관해 거부감이나 스스로를 판단하는 감정이 드는지를 확인해야 합니다. '그건 멍청한 생각 아닐까' 혹은 '난 고자질쟁이가 되고 싶지 않아'라는 생각은 과감히 버려야 해요.

경계 선택지
표 채우기

Q. 선택지에 대한 감정을 정리할 수 있는 표입니다. 저항하거나 판단하는 감정이 어떤 것인지 잘 연구해보고 나의 선택지를 더 긍정적으로 볼 방법을 찾아보세요.

경계 문제를 해결할 선택지	거부감 또는 판단하는 감정	나올 수 있는 긍정적 결과
예) 상사에게 마리나와의 문제 상황을 알린 후 상사가 마리나에게 경고해주길 요청한다.	상사가 짜증을 내거나 나를 겁쟁이로 보지 않을까 걱정된다.	나는 좋은 직원이고 이 요청도 일을 잘하기 위해 하는 것이니 상사도 잘 협조해줄 것이다.

힘의 차이에 대처하기

직장에서 아직 직급이 낮거나 많은 권한을 가지지 못한 분들은 직장에서 경계 설정하는 게 매우 어려울 겁니다. 현실적으로 그렇죠. 신입사원이 회의를 주도하거나 접근할 수 없는 자료를 열람하려고 해도, 이미 규칙이 마련된 회사의 업무 환경을 마음대로 해칠 수는 없으니까요. 그래서 경계 관련하여 문제에 맞닥뜨려도 혼자 힘으로 해결하기가 힘듭니다. 정서적 학대를 일삼는 상사와 다른 팀이 되는 일이나 고용주가 초과 근무 수당을 주지 않을 때 받아낼 수 있는 방법이 없을 수도 있죠. 이럴 때는 인사부장, 고용노동부, 변호사, 노조 대표, 사법기관, 회사 고위층 등 더 큰 권한과 권력을 지닌 사람에게 사건에 개입하여 권리를 집행해달라고 요청해야 합니다. 외부의 도움이 필요한 상황에는 다음과 같은 예들이 있습니다.

- 과도한 업무량으로 정신적 건강이 위협받고 있다.
- 나와 여러 팀원의 안전을 위협받는 업무를 하고 있다.
- 신체적 학대, 괴롭힘, 폄하 등을 지속적으로 받고 있다.
- 직접 문제를 해결하려 노력했지만 상황이 개선되지 않았다.
- 성별, 인종, 종교, 성적 취향, 나이 또는 인맥 때문에 차별을 받고 있다.
- 고용주, 동료 또는 상사가 위험하거나 불법적이거나 비윤리적인 행동을 하라고 강요한다.
- 직속 상사가 업무에 관한 나의 우려와 조사 내용을 무시하고 문제를 보고하지 않도록 지시한다.

- 고용주가 법을 어기고 있다(근무 시간에 상응하는 보수를 받지 못하거나 법정 휴식 시간을 누리지 못하는 등).
- 위험하거나 불법적이거나 비윤리적인 행동을 제보하여 물질적 손해를 입거나 해고 또는 좌천을 당하거나 부당한 업무 스케줄을 배당받는 등의 불이익을 받았다.

그러나 개인적 관계와 달리 직장 내 관계에서 제삼자나 외부인에게 도움을 요청할 때는 생각만큼 경계를 보호받지 못할 수 있습니다. 회사는 이익집단이기 때문에 고용주가 자기 이익을 보호하는 데 더 열심히 일 수도 있죠. 사내 부조리를 눈감고 넘어가는 사건들이 종종 있었듯이요. 그러니 만일 고용주나 회사 밖의 단체에 도움을 요청하기로 했다면 무슨 일이 일어났는지, 그리고 그 상황에서 무엇을 해주길 원하는지 자세하게 준비해야 합니다.

물론 도움을 구한다고 원하는 결과를 얻는다는 보장은 없습니다. 발생할 수 있는 단점 및 위해성을 비교해봐야 하죠. 직업, 급여, 사회적 지위 및 위치에 관한 한 우리는 신중하게 선택지를 고려할 필요가 있습니다.

자기 권리가 짓밟히고 스스로 해결하지 못할 것 같은 상황에서 업무 관련 경계 문제에 관해 도움을 구하는 일 자체로도 두려움이 일고 포기하고 싶어질 수 있습니다. 그래서 많은 이들이 누구에게 다 털어놓고 도와달라고 하기보다 그냥 내가 관둔다 하고 떠나버리죠. 그만두는 건 내가 통제하는 상황이라고 생각하기 때문인데요. 그건 환상입니다. 내가 설정한 경계를 위반당했을 때 진정으로 원하는 결과를 집행해야 하듯, 직장에서 문제를 해결하지 않고 그만두는 것으로는 내 욕구를 충족할 수 없습니다.

   불행하게도 정말 소수의 사람들은 직장에서 위치와 권력으로 아랫사람을 부리며 존중하길 거부합니다. 되는 한 오랫동안 아랫사람을 이용하려 하고요. 그래서 극단적인 상황에서는 직장을 떠나는 게 학대로부터 자신을 보호하는 유일한 방법일 수 있습니다. 하지만 그렇더라도 직장에서 경계를 설정해 얻을 수 있는 게 무엇인지 충분히 생각해보고 그럼에도 나의 안전이 위급하다면 그만두도록 하세요.

직장 경계 걸림돌 떠올리기

Q1. 직장에서 경계 문제를 해결하는 유일한 방법이 그만두는 것뿐이라 생각한 적이 있나요?

Q2. 고용주나 회사 밖 제삼자에게 경계 문제에 관련한 도움을 청한 적이 있나요? 그때 결과는 어땠고 감정은 어땠나요?

Q3. 지금 직장에서 새롭게 설정하고 싶은 경계가 있나요? 그 경계로 원하는 궁극적인 결과는 무엇인가요? 스스로 그 결과를 이뤄낼 가능성은 얼마나 되나요?

Q4. 지금 직장에서 경계 관련하여 도움을 요청하고 싶은 일이 있나요? 도움을 요청했을 때 올 수 있는 잠재적인 위험은 무엇이라고 생각하나요? 도움을 받아 원하는 결과를 얻을 가능성은 얼마나 되나요?

7챕터를 마무리하며

직장에서 경계를 설정하는 것은 환경, 일정, 상호작용하는 사람들을 바꿀 권력 등에 따라 매우 어려울 수 있습니다. 그래서 경계를 설정하기 위해 많은 기술이 필요하고 때론 제삼자에게 도움을 요청하는 용기도 필요합니다. 그러나 7챕터에서 알아본 직장에서의 개인권을 검토하고 힘의 차이를 뛰어넘어 내가 반드시 설정해야 하는 직장 내 경계를 정리한다면, 분명 직장에서도 나의 자존감을 지키며 일할 수 있을 것입니다.

CHAPTER 08
연인 사이에도 경계가 꼭 필요한가요?

애정을 기반으로 한 연인 관계는 사실 매우 어려운 관계입니다. 오래 만나온 가족이나 친구가 아니고, 직장처럼 책임과 용납의 범위 등이 정해져 있지 않으니까요. 수용할 수 있는 행동에 대한 생각이 각자 다르기 때문에 명확한 합의가 힘들고 그로 인한 경계 문제가 빈번히 일어납니다. 이번에는 어떻게 해야 연인 경계 문제를 원만하게 해결하고 보다 만족스러운 관계를 만들 수 있을지 알아보죠.

경계는 연인 관계를
더욱 돈독하게 만든다

경계를 그었다가 연인과 거리감이 생기거나 충돌을 빚게 될까 걱정되나요? 그런 불안이 드는 것도 당연해요. 사랑하는 연인에게 최대한 좋은 모습을 보여주고 싶은 건 자연스러운 욕구니까요.

그러나 연인 사이에 경계가 없으면 자아 정체성이나 독립성을 잃은 것처럼 연인 때문에 숨막히고 통제받는다는 감정을 느끼게 됩니다. 또 어떻게 행동해야 하는지, 누가 공동의 일을 책임져야 하는지에 관해 명확한 합의를 할 수가 없어져 갈등, 실망, 상처받은 감정으로 관계가 망가질 수 있죠.

키스도 여자 친구 셰릴과 계속되는 경계 문제로 골치를 썩였습니다. 키스는 사적인 것을 중시하는 사람입니다. 친한 친구가 많지 않고 자신의 고민이나 감정을 지인들과 거의 공유하지 않죠. 반면 셰릴은 키스와 정반대로 외향적이며 친구들과 깊은 우정을 쌓는 편입니다. 그런 성향 때문인지 셰릴은 키스와 다툰 날, 자신의 친구들에게 키스가 우울증 때문에 약을 먹는다는 사실을 가볍게 말했습니다. 이 사실을 알게 된 키스는 큰 배신감을 느꼈고 셰릴의 태도에 매우 크게 화를 냈습니다.

여러분도 키스가 당한 일과 비슷한 경험을 해본 적 있나요? 혹은 셰릴처럼 연인의 경계를 침범한 적은요? 우리는 대부분 연인의 경계를 위반하기도 하고 반대로 위반당하기도 합니다.

다행히 앞서 살펴본 바와 같이, 건강한 경계는 어느 관계에서든 적절한 연결과 분리를 만들어내 개성을 유지하면서도 신뢰와 친밀감을 형성할 수 있습니다. 연인 관계에서도 마찬가지로 경계는 누가 무엇을 책임져야 하는가부터 불륜, 무성의, 부모나 친구를 우선시하는 것 등의 외부 위협으로부터 관계를 보호하는 역할을 합니다. 당연히 서로 싸우고 비난할 일은 줄어들겠죠.

애정 관계에서 흔히 나타나는 경계 문제들

결혼이나 동반자 관계에서 가장 흔히 나타나는 문제들로는 서로에 대한 충실함, 의사소통, 사생활, 돈과 시간의 소비 방식, 가정에서의 책임 구분, 성적 행위 등이 있습니다. 각각의 문제를 살펴보면서 연인과 해당 문제에 관해 말로, 또는 말을 통하지 않고 경계를 설정할 방법을 생각해보세요.

서로에 대한 충실함

과거 연인, 부부, 동반자 등의 관계에서 충실함은 보통 '연인에게 성적으로 충실하는 것'을 말했습니다. 그러나 요즘엔 정서적인 부분에서도 서로에게 충실해야 가치 있는 관계라는 인식이 퍼져 있죠. 충실함의 경계는 연인이 아닌 다른 사람과 성적 또는 감정적으로 친밀해지려 할 때 누구와 언제, 어디서, 그리고 어떤 방식으로 친밀해질 것인지를 규정합니다.

의사소통

의사소통의 경계는 연인과 정보를 공유하는 방식을 말합니다. 중요한 사안에 관해 언제 어떻게 토론할지, 어떻게 논쟁할지, 어려운 대화로 흘러가면 잠시 해당 대화를 중단할 건지, 상대에게 욕을 해도 되는지, 직접 대화하는 대신 문자메시지나 전화를 활용할 건지 등의 내용이 포함됩니다.

사생활

사생활에 관한 경계는 연인하고만 공유할 사항과 외부인들에게도 공유 가능한 사항 등에 관한 합의입니다. 중요한 사생활의 경계는 개인 정보와 비밀을 어떻게 구별하는지를 포함합니다.

돈

금전적 경계는 공유 자산을 사용하고 금전과 관련해 결정을 내리는 방법에 관한 합의입니다. 여기에는 금전적 목표 설정, 구매 관련 결정, 구매하기 전 서로 상의하는지의 여부가 포함됩니다.

시간

시간적 경계는 연인과 함께 보내는 시간이 어느 정도인지, 함께 하는 일이 무엇인지, 개인적인 시간은 어느 정도고 언제인지, 또 집에 언제 있을 것인지 등의 규정입니다.

가정에서의 책임

가사적 경계는 육아, 요리, 청구서 납부, 세금 신고, 잔디 깎기, 선물 구입 등 가계를 운영하는 데 필요한 일을 누가 책임지고 언제 완수할 것인지에 관한 합의 사항을 말합니다.

육아

자녀의 건강 및 교육 관련 결정과 훈육, 규칙, 자녀와 공유할 정보 내용 등 자녀들을 어떻게 양육할 것인지에 관한 동의를 말합니다.

성적 행위

성적 경계는 어떤 성적 활동을 언제, 어디서, 얼마나 자주 할 것인지를 가리킵니다. 성관계를 시작하는 시점, 성관계를 시작한 뒤 마음이 바뀌었을 때의 대처, 안전한 성관계, 성병 검사, 포르노 시청 등에 관한 동의가 포함될 수 있습니다.

**연인과의 경계
경험 돌아보기**

Q1. 연인과 맺은 합의에 관해 생각해보세요. 어떻게 경계를 설정했었나요?

Q2. 둘 중 한 명 또는 둘 다 경계를 위반해 갈등이 발생하는 분야가 있었나요?

요구 사항이
충돌할 때
합의하는 법

매번 갈등이 생기고 경계 문제가 일어나는 연인 관계라면, 누구나 상황이 전부 싹 다 바뀌길 간절히 바랄 겁니다. 그 마음은 이해하지만 이는 연인에게는 물론이고 본인에게도 벅찰 수 있습니다. 경계 문제는 하나하나 원하는 결과를 얻고 욕구가 충족될 때까지 차분히 풀어가야 합니다.

이제부터 연인과 경계 설정을 위한 발을 내디뎌봅시다. 합의서를 써보는 거예요. 요구 사항이 주르륵 적힌 리스트가 아니므로 '우리의' 또는 '우리'라는 단어를 사용하고, 내게 필요한 것뿐 아니라 연인이 원하는 바도 모두 고려되어야 합니다.

앞선 키스의 이야기를 예로 들자면 "우리는 개인적인 정보를 공유할 때, 그 내용이 서로가 아닌 제삼자에게 전해지지 않기를 바란다고 하면 철저히 지켜준다. 어떤 정보가 그에 해당하는지 항상 명확히 말해주려 노력한다." 이런 내용이 되겠죠?

그런데 합의서를 쓰려고 하는데 내 요구가 연인의 요구와 부딪힌다면 어떻게 해야 할까요?

다음 니나의 이야기를 읽으면서 니나가 필요로 하는 것과 가치관이 무엇인지, 또 그것이 남편의 욕구 및 가치관과 어떻게 부딪히는지 생각해보세요.

니나와 아서는 결혼 생활을 해온 35년간, 아서의 골프 취미를 두고 오랫동안 갈등을 겪어왔습니다. 수년간 니나는 아서에게 골프 치는 시간을 줄이고 자신과 더 시간을 보내달라고 부탁했습니다. 그녀는 둘만의 시간을 위해 주말에 호텔을 예약하거나 같이 즐길 수 있는 취미 생활을 찾으려 노력했죠. 그러나 아서는 골프를 너무나도 사랑했고 골프에 쓰는 시간을 줄이려는 노력을 하지 않았습니다. 니나는 아서가 자신보다 골프를 좋아한다고 생각해 상처를 받았습니다. 반면 아서는 자신이 골프에 시간을 보내는 게 잘하는 일이라 여겼습니다. 운동도 하고 밖에서 시간을 보내는 동시에 사람들과 어울리니까요. 아서는 자신이 아내와 적지 않은 시간을 보내고 있다고 생각했습니다.

니나는 아서와 함께 보내는 시간을 늘리고 싶고 더 깊은 유대감을 느끼고 싶어 합니다. 그런데 그 욕구가 충족되지 않아 불만스러워하고 있죠. 그러나 아서는 행복과 유대감을 느끼기 위해 아내와 보내는 시간이 그리 많이 필요하지 않습니다. 그의 또 다른 욕구는 골프를 치면서 충족되고 있거든요. 자, 여기서 중요한 건 니나의 욕구가 아서의 욕구보다 중요하지 않고, 아서가 나쁜 사람이라는 게 아닙니다. 문제의 핵심은 두 사람이 서로의 요구 사항을 모두 충족시킬 해결책을 찾지 못한다는 거죠.

서로 다른 욕구를 갖는 건 정상이기에 이러한 경계 문제를 완전히 해결할 수는 없습니다. 그런데도 많은 사람은 상대의 비위를 맞추고 충돌을 피하고자 일상적으로 자기 욕구나 바라는 것, 목표 또는 가치를 부인합니다. 이를테면 심리치료사 테렌스 리얼Terence Real이 말하는 열등감을 바탕으로 한 '한 점 지고' 포지션을 취하는 셈이죠. 《결혼의 새로운 규칙들에서In The New Rules of Marriage》(2008)라는 책에서 리얼은 "당신이 스스로의 욕구를 옹호하지 않으면, 당신은 점점 자신의 욕구를 지우기 시작할 것이고 종종 원망에 가득 찬 피해자처럼 느낄 것이다"라고 경고합니다.

다시 말하자면 자기 욕구에 관해 연인에게 말하는 게 최선입니다. 욕구의 부정은 관계를 씁쓸함과 불만족으로 물들일 뿐입니다. 만족스러운 관계를 형성하는 데 도움이 되는 건 경계 갈등을 피하는 게 아니라 그걸 해결하려는 의지입니다.

내게 필요한 것을
직접적으로 요청하기

경계 문제를 해결하기 위해 나와 연인 모두 자신이 필요한 것을 직접적으로 요청해야 합니다. 그리고 서로의 욕구와 감정에 관심을 가지며 적절한 때에 타협하고, 또 연인이 나의 욕구를 충족시키지 못할 수 있다는 점을 받아들여야 합니다.

직접적으로 표현하기

여러분의 연인은 여러분의 마음을 읽어낼 수 없습니다. 이런 말을 수백 번 들어도 우리는 종종 '내가 바라는 게 뭔지 말 안 해도 알겠지?' 하고 기대합니다. 말 안 해도 알아주는 게 가능하다면 좋겠지만 현실은 그렇지 않죠. 따라서 이런 기대는 비현실적이고 도움이 되지 않습니다. 건강한 관계의 경계나 합의를 만들기 위해서는 직접적이고 정중하게 필요한 걸 요구하고 합리적인 타협에 열린 마음을 가져야 합니다. 5챕터의 나 전달법 공식을 사용하면 공격적이거나 비난적이지 않으면서 적극적인 태도를 보일 수 있고, 연인이 나의 감정과 욕구를 더 쉽게 이해할 수 있습니다.

연인의 욕구와 감정에 관심 가지기

관계는 상호적입니다. 따라서 자신이 원하는 걸 관철하고 싶다면 자신의 욕구와 감정을 소통하는 동시에 연인의 욕구와 감정에 똑같이 관심을 가져야 합니다. 본인의 욕구가 충족되지 않거나 해당 관계에 높은 수준의 갈등이 있을 때는 어렵겠지만 할 수 있습니다. 연인이 울고, 소리 지르고, 몸을 떨고, 주변을 서성거리고, 침대에만 머무르고, 술을 마시고, 고립되는 등 눈에 띄는 징후들을 보일 때 이를 알아차리도록 노력하세요.

연인의 욕구가 무엇인지 알 수 없는 상황이거나 관심이 없었다면 다음 문구를 사용해 연인의 욕구를 파악하고 이해해보세요.

- 당신은 내게 뭘 원해요?
- 가능한 한 우리 모두에게 좋은 타협안을 찾아봐요.
- 나는 이러이러한 것이 필요해요(원해요). 당신은 어때요?
- 나는 당신, 그리고 당신이 느끼는 감정을 신경 쓰고 있어요.
- 우리 호흡이 안 맞는 것 같아요. 차분히 서로 원하는 걸 이야기해볼까요?

하지만 알아둘 게 있습니다. 연인의 욕구와 감정을 알아차리는 것에 너무 큰 죄책감을 느낄 필요는 없다는 겁니다. 무엇이 필요한지 물어보는 것까진 내가 하더라도 궁극적으로 욕구를 전달해야 하는 건 연인의 몫입니다.

상대에게 필요한 게 무엇인지 물어본다고 해서 그 욕구를 꼭 충족시켜야 하는 것도 아니에요. 공감하는 마음으로 질문하여 상대에게 관심을 전하고 서로의 욕구를 최대한 만족시키는 해결책을 찾으면 그걸로 충분합니다.

타협할 수 있는 열린 마음

대부분의 경계 갈등은 서로 조금씩 양보하면 타협을 통해 해결할 수 있습니다. 앞서 5챕터에서도 타협에 관해 이야기했지만 한 번 더 깊이 있게 들어가보죠.

타협은 몇 가지 방법으로 가능합니다. 직장에서 긴 하루를 보내고 늦게 집에 돌아온 날, 아주 피곤한 상태인데 연인이 자신과 술 한잔하며 대화하자고 다가옵니다. 이때 두 사람의 욕구는 상반됩니다. 그러나 타협이 가능합니다. 다음 날 컨디션 관리를 위해 술은 연인만 먹게 하고, 대화 시간은 30분 이내로 하되 최대한 집중해서 이야기를 듣겠다고 말하는 겁니다. 아니면 지금은 너무 피곤하니 내일 아침에 함께 식사하며 더 긴 시간 동안 대화를 나누겠다고 할 수도 있고요.

경계를 타협할 때는 해당 욕구가 시급한 것인지, 얼마나 강한지, 욕구가 지연될 경우 누가 피해를 볼지 등의 사항을 고려해야 합니다. 둘

다 욕구의 강도를 정직하게 판단할 수 있다면 이 방법이 타협에 유용하고 효과적입니다.

물론 한번 불륜을 저지른 배우자에게 그다음부터 강한 감시 욕구를 느끼는 경우처럼 혹은 거짓말한 아이를 어떻게 훈육할 것인지를 두고 배우자와 이견이 생기는 경우처럼, 강렬한 감정을 느끼는 문제나 중요도가 높은 문제는 유연하게 대처하거나 타협하기가 어렵습니다.

하지만 감정을 벗어나 나와 연인의 뜨거운 이슈가 무엇인지 정확히 인지하면 변화에 관한 공감과 열린 마음을 가지고 타협에 접근할 수 있습니다. 양쪽 모두 특정 문제에 관해 뚜렷한 의견을 가지고 있더라도 대부분의 경계 문제는 상대에게 헌신하고 서로의 차이점을 인정하며 협력할 때 타협을 통해 해결할 수 있죠.

타협할 수 없는 사안이 있다면 있는 그대로 받아들일 수 있는지 고민해볼 필요가 있습니다. 다음은 교착 상태에 도달한 경우, 다음 단계를 결정하는 데 도움이 되는 몇 가지 질문입니다.

- 이건 내가 스스로 충족시킬 수 있는 욕구인가?
- 상황을 있는 그대로 받아들이는 데 치러야 할 대가는 무엇인가?
- 이 문제로 더 이상 연인과 협상할 수 없다는 걸 받아들일 수 있는가?
- 내 연인은 얼마나 자주 타협을 원하지 않거나 타협할 수 없다고 하는가?

타협은 대부분의 사람이 배울 수 있는 기술입니다. 타협에는 공감하는 능력, 만족하지 않고 상황을 흘려보낼 능력, 만족감을 지연시킬 능력이 필요하죠. 만약 나나 연인이 공감 또는 충동성 때문에 애를 먹는 타입이라면 타협이 더 어려울 수 있습니다. 그렇다고 타협 자체가 아예 불가능한 건 아니에요. 자기 자신과 연인에게 타협을 연습할 의향이 있는지 물어보고 필요하다면 관련 분야의 치료사에게 도움을 요청해보세요.

관계 치료사 만나보기

만약 이 책에 실린 기술을 연습했는데도 상황이 나아지지 않거나(혹은 악화하고 있거나) 두 달 이상 서로 심하게 충돌하고 욕구가 충족되지 않는다면 관계 치료사의 도움을 받아야 할지 모릅니다. 숙련된 치료사는 안전한 환경에서 상처를 치료하고 새로운 기술을 배울 수 있게 도와줍니다.

치료에 관해 망설이는 마음이 드는 게 당연합니다. 치료받는 일 자체가 힘들고 감정 소모도 심하며 관계가 위태로울 때는 위험 부담도 크니까요. 관계 문제를 다루는 걸 아예 회피하는 방법도 솔깃하게 느껴집니다. 하지만 시간이 관계 문제를 해결해주지 않습니다. 그러니 만약 치료가 관계를 개선할 수 있을 것 같다면 연인에게 치료를 제안하세요. 적극적인 의사소통 기술을 사용하고 자기 감정을 공유하면서 연인이 왜 참여하길 원하는지 설명하세요. 어떻게 말할지 예를 들어드릴게요.

"난 지속된 우리 관계 문제로 너무 상처받았고 슬펐어요. 상황이 나아지는 것 같지도 않고요. 그래서 커플 상담을 받고 싶어요. 전문가에게 얘기하면 우리 둘 모두에게 도움이 될 거예요."

만약 연인이 거절한다면 연인 없이 혼자 치료사를 만나러 가는 것도 고려해보세요. 많은 걸 배우고 필요한 지원을 받을 수 있을 겁니다.

8챕터를 마무리하며

8챕터에서는 경계가 연인과의 관계를 어떻게 개선할 수 있는지 이해하는 데 중점을 두고 직면할 수 있는 공통적인 경계 문제를 살펴보았습니다. 또 적극성, 연인의 욕구에 관한 관심과 투자, 타협을 포함한 의사소통 기술을 익혀 경계 갈등을 해결하는 연습도 해보았습니다. 연인과의 관계에선 언제나 나뿐 아니라 연인의 욕구도 존중되어야 한다는 점을 기억하고, 필요하다면 치료사의 도움도 꼭 받아보기 바랍니다.

CHAPTER 09
자녀와의 적정한 거리는 어떻게 아나요?

혹시 부모 입장이라면 모든 걸 안 된다고 말하고 있다고 느낀 적이 있지 않나요? 유아를 키우고 있든 10대를 키우고 있든, 한계를 정하고 안 된다고 말하며 말을 안 들으면 이렇게 될 거라고 결과를 제시하는 건 피곤한 일입니다. 아이들은 선천적으로 호기심이 많고 독립심을 추구하며(보통 그들이 그럴 준비가 되기 전에) 한계를 시험합니다. 그래서 아이들과 경계 설정하는 일은 끈질기게 해야 하죠. 이번 챕터에서는 자녀들과 경계를 설정할 때 인내하는 것의 중요성을 깨닫고 어떻게 하면 더 효과적으로 할 수 있는지 살펴보며 낙담하거나 좌절하지 않는 법도 알아보겠습니다.

아이에게 반드시
경계가 필요한 이유

　　　　　　자신의 경험을 통해, 혹은 이 책을 읽으며 알았겠지만 어린 시절 건강한 경계를 목격하고 배우면 성인이 되어서도 제대로 기능하는 경계를 설정할 수 있습니다. 그래서 자녀와의 경계 설정은 아주 중요하죠.

　아이들과 경계를 설정할 때는 아이들에게 책임감, 자기주장, 자기 관리, 신체적·정서적으로 건강하고 성공하는 데 필요한 기술들을 가르칩니다.

　그러면 아이들에게 왜 경계가 필요한지 자세히 살펴보기 전, 먼저 부모가 자녀와 적절한 경계를 설정하지 않을 때 어떤 일이 일어나는지 알아보도록 하죠. 이 이야기들은 부모의 경계가 적절하지 못해 야기되는 매우 다른 두 가지 결과를 보여줍니다.

　먼저 올랜도의 이야기입니다. 올랜도는 항상 고집이 센 아이였습니다. 갓난아기였을 때는 자기 뜻대로 되지 않으면 몇 시간이든 울며 짜증을 내곤 했죠. 그의 부모님은 올랜도의 행동에 지속해서 압박감을 느꼈고 당황한 나머지 올랜도의 요구에 굴복하기 시작했습니다. 쇼핑하는 동안 올랜도가 떼쓰지 않게 하려고 좋아하는 사탕과 장난감을 사주기 시작한 거죠. 이제 아홉 살이 된 올랜도는 자정이 될 때까지도 잠을 자지 않고, 먹고 싶은 거는 뭐든 참지 않고 먹으며, 컴퓨터를 몇 시간이고 하느라 숙제를 하지 않고 있습니다. 올랜도의 부모님은 컴퓨터를 빼앗겠다고 위협하긴 했지만 결국은 행동에 옮기지 않았죠. 올랜도는 항상 피곤해하고 우울해했고, 학교에서 다른 아이들을 괴롭히고 우두머리 행세를 했으며 이기적으로 행동해 친구도 거의 없습니다.

반면 알리사는 조금 다릅니다. 알리사는 열두 살이 되던 해에 아빠가 갑자기 세상을 떠나면서, 엄마와 단둘이 남겨졌습니다. 그 후 3년간 정신적 충격을 느낄 새도 없이 금전적으로 힘들어져 슬픔에 허덕이는 날들이 이어졌습니다. 현재 열다섯이 된 알리사는 늘 엄마의 가장 절친한 친구를 자처하고 있습니다. 엄마가 본인의 삶을 되찾을 수 있도록 정서적 지원을 아끼지 않죠. 그러나 가끔 엄마가 본인의 성생활을 여과 없이 이야기하거나 먼저 돌아가신 아빠를 탓할 때면 마음이 매우 불편했습니다. 열다섯이 책임지기에는 무거운 엄마의 부정적 감정들을 피해 때로는 동갑내기 친구들과 어울리고 싶다는 생각도 했고요. 하지만 그런 마음을 엄마에게 어떻게 전해야 할지 알리사는 알지 못합니다. 괜히 말했다가 엄마가 또 다른 고통을 느끼지는 않을까 불안하기 때문입니다.

올랜도는 자기중심적이고 부모 말에 순응하지 않는 반면, 알리사는 이타적이고 지나치게 순종적입니다. 이 두 사람이 더 성장하여 어른이 되면 어떤 경계 문제를 겪을지 쉽게 유추할 수 있습니다. 올랜도는 다른 사람의 경계를 존중하지 않고 심지어 남을 이용해도 된다고 생각해 안하무인으로 행동하는 어른이 될 겁니다. 다른 사람들의 경계 설정을 기다리거나 받아들일 필요가 없다고 생각해서 좌절을 참는 힘을 기르지 않을 겁니다. 쉽게 화를 내며 음주, 식사, 소비, 시간 등을 관리하는 데 어려움을 겪겠죠. 반면에 알리사는 미래에 친구나 연인 관계 등에서 아마 지금 알리사와 엄마의 경계 문제와 똑같은 문제를 겪게 될 것입니다. 계속해서 다른 사람의 욕구나 감정에 책임을 느끼고 자기 욕구와 감정을 억압하며 원하는 걸 요구할 자신감이 없거나 안전하다고 느끼지 못하겠죠.

두 사례 중 어떤 것도 우리 아이들의 미래에 일어나길 바라는 결과가 아닙니다.

자녀와의 경계는 아이를 안전하게 지킨다

경계는 아이들을 신체적·정신적으로 안전하게 지켜주는 제한이자 규칙입니다. 안전은 일차적 욕구에 해당합니다. 안전이 보장되지 않는다면 아이들은 감정 및 인지력의 발달, 감정과 생각의 표현, 긍정적인 관계의 형성 및 학습과 장기적인 목표 설정에 어려움을 겪게 됩니다.

유아에 관해 잠시 생각해볼까요? 유아들은 무엇이 안전한지와 그렇지 않은지를 말하거나 보여줄 부모가 필요합니다. 그렇지 않으면 차가 쌩쌩 달리는 차도로 뛰쳐나가거나 뜨거운 냄비를 맨손으로 만질 수 있으니까요. 그래서 아이들은 자라면서 부모를 통해 무엇이 위험한지를 학습해나갑니다.

10대도 자신을 안전하게 지키기 위한 규칙과 제한이 필요합니다. 추상적인 사고를 담당하며 자신이 한 행동의 결과를 예측하게 하는 뇌의 한 부분인 전두엽 피질은 청소년기 후반이나 초기 성인기까지도 완전히 발달하지 않기 때문입니다. 가끔 면허도 없이 부모님의 차를 운전하다 사고를 내거나 마약과 술에 취해 다치거나 무분별한 성관계를 하는 10대들이 있습니다. 그렇기 때문에 청소년들의 충동을 제한할 경계가 필요합니다.

물론 부모가 10대 자녀들이 하는 모든 행위를 통제할 수는 없습니다. 게다가 그건 자칫 감시와 감금 등 자녀의 자유로울 권리를 침해할 수 있죠. 다만, 규칙과 행동에 따른 결과를 명확히 제시하여 아이들이 성인기에 들어섰을 때 충동과 중독처럼 위험한 상황에 빠지지 않게 하고 자신의 목표를 이룰 수 있도록 이끌어줄 필요가 있습니다.

자녀와의 경계는 아이에게 책임감을 가르친다

많은 부모님들의 양육 목표는 아이가 자급자족하는 성인이 될 수 있게 독립성을 심어주는 것입니다. 스스로 자신을 돌볼 수 있는 아이, 욕구를 무한정 충족시키기 위해 부모에게 의존하지 않는 아이가 되길 바라죠. 그러기 위해서는 아이에게 '책임져야 할 것'을 알려줘야 합니다.

제 열두 살짜리 딸아이는 종종 저한테 점심을 차려달라고 부탁합니다. 냉장고에 있는 걸 꺼내서 먹으면 된다고 하는데도 말이죠. 점심 차려주는 일이야 딸아이를 위해서 쉽게 해줄 수 있지만, 저는 아이가 스스로 할 수 있는 일은 알아서 해내기를 원합니다. 그래서 부탁을 거절하고 아이가 직접 점심 식사를 차리게 하는 편이죠.

이렇게 책임져야 할 것을 알려주는 한편, 경계를 설정하여 책임지지 않을 것들도 알려줘야 합니다. 아이들은 역할과 책임을 구분하는 경계가 없을 때 자신의 책임에 대해 혼란스러워합니다. 알리사를 떠올려보세요. 알리사의 어머니는 그녀를 마치 또래 친구처럼 대하며 부적절한 대화를 나눴고 이는 알리사가 엄마의 행복에 관해 책임감을 느끼게 만들었습니다. 아이들은 부모의 친구가 되어 조언해주고 행복하게 해줄 책임이 없어야 합니다. 경계가 그것을 명확히 알려줄 수 있죠.

명확한 경계를 설정하는 건 아이들에게 본인의 행동이 특정 결과를 가져온다는 점을 깨닫게 하여, 스스로 계획을 세우고 자기 행동을 관리하도록 격려합니다. 제 딸아이는 스스로 점심을 챙겨 먹지 않으면 배고파 힘들어진다는 걸 압니다. 만약 제가 매번 챙겨줬다면 얼마나 힘들어질지 결과를 알지 못하게 되고 그저 배고플 때마다 엄마만 불러대게 되겠죠. 이처럼 결과를 예측하고 자기 관리를 배우는 건 아이들이 자신을 위해 안전하고 건전한 선택을 할 수 있게 이끌어줍니다.

자녀와의 경계는 아이에게 적극성을 심어준다

아이들은 성장할수록 스스로를 대변하거나 보호하기 위해 점점 더 많은 시간을 부모가 없는 세상에서 보내게 됩니다. 따라서 부모는 아이에게 자기 욕구를 소중히 여기라고 알려줘야 합니다. 안전을 위협하거나 상처를 주고 불편한 행동을 하는 타인에게 '안 돼' 또는 '그만둬'라고 말해야 한다고 가르쳐줘야 하고요. 5챕터에서 살펴본 적극적 의사소통 방법과 학대받거나 이용당하는 것을 막고 문제 해결에 유용한 소통법을 활용해 아이에게 적극적으로 말할 수 있는 힘을 길러주세요.

자녀와의 경계는 아이에게 존중하는 마음을 깨닫게 한다

경계는 아이들에게 세상엔 제한선이 있고 모든 게 나를 중심으로 돌아가지 않는다는 것을 알려줍니다. 그리고 타인의 욕구, 의견, 믿음과 타협하고 그것들을 고려할 필요가 있다고 가르쳐주죠. 또한 아이들이 자신의 욕구를 뛰어넘어 다른 사람의 욕구와 감정을 이해할 수 있게 장려합니다. 이는 타인에 대한 연민과 공감 능력을 발달시키는 데 도움이 됩니다.

자녀와의
경계 설정을 위한
5가지 팁

자녀와 경계를 설정하는 건 까다로워서 자칫하면 잘못된 길로 들어서게 됩니다. 25년 동안 심리치료사로 일하고 거의 20년을 부모로 살아온 저 역시, 부모들이 자녀와의 경계 설정에서 저지르는 다음과 같은 몇 가지 잘못을 저지르기도 했습니다.

- 냉정을 잃고 과민반응을 했다.
- 경계를 일관되게 설정하지 않았다.
- 너무 많은 규칙과 비논리적인 결과를 제시했다.
- 자녀의 나이나 발달 수준에 맞지 않는 비현실적인 기대를 했다.

이 챕터에서 제안하는 몇 가지 팁들을 참고하면 많은 부모님들이 문제점을 상당 부분 개선할 수 있을 거예요. 만일 자녀와 계속 관련 문제로 충돌한다면 자녀가 다니는 소아청소년과의 의사나 아동치료사, 심리학자 등 전문가의 지도를 받는 편이 좋습니다. 경계 설정이 어렵더라도 일상적인 불면, 스트레스와 관련한 건강 문제, 두려움 또는 걷잡을 수 없는 분노를 감당해야 하는 상황은 피해야 하기 때문입니다.

Tip1 경계는 발달 단계에 따라 적절하게

자녀에게 설정한 경계는 자녀들이 성숙함에 따라 바뀌어야 합니다. 연령에 따라 아이들의 욕구와 능력은 각기 다르니까요. 아이들은 자랄수록 스스로 할 수 있는 일이 늘어나고 감정 조절 능력도 배우게 되며 사고 역시 구체적인 것(관찰할 수 있는 것)에서 추상적인 것(예측이나 추론, 계획 등)으로 확장됩니다.

소수의 부모들은 자녀가 인지적·정서적으로 이해할 수 있는 범위를 과대평가하고 그 결과 비현실적인 기대와 규칙을 설정합니다. 두 살짜리 아이 앞에 쿠키를 두고 먹지 말라고 한 다음 자리를 비우면 아이는 그 말을 따를 정도로 자제력이 높지 않기 때문에 바로 먹어버립니다. 이런 것이 바로 비현실적인 기대입니다. 그래 놓고 아이가 경계를 위반했다며 꾸짖는다면, 아이는 부당한 벌을 받게 되는 겁니다.

다음은 아이들의 보편적인 인지적·사회적·정서적 발달에 관한 사항들입니다. 참고하여 경계를 설정하되, 모든 자녀는 각기 다른 속도로 정서가 발달할 수 있으며 강점과 약점이 다르다는 것 역시 주의하기 바랍니다.

- 0~1세: 세상에 나온 첫해 동안 아이들은 자신을 돌봐주는 사람과 신뢰감, 유대감을 형성합니다. 타인과 상호작용하여 애착이 발달하며, 간단한 말로 자신을 둘러싼 환경을 탐구하죠. 이 시기에 부모는 자녀를 주의 깊게 살펴보며 자녀의 욕구를 충족시킵니다. 그렇게 아이는 자기 욕구를 충족하고 세상이 안전하다는 것을 알게 되죠. 생후 7개월쯤부턴 자기 자신을 인식하여 부모와 떨어졌을 때 고통스러워하기도 합니다. 이 시기 경계는 아이를 안전하게 지키는 것에 초점을 맞춰야 합니다.

- 1~2세: 이때부터 아이들은 독립성을 키웁니다. 답을 얻기 위해서 스스로 행동할 수 있음을 깨닫죠. 바닥에 숟가락을 던지면 어떻게 될지를 알아보기 위해 반복적으로 던지고 그걸 주워주는 부모를 보며 답을 알아내는 겁니다. 고의는 아니라지만 부모에겐 다소 귀찮은 일이죠. 그래도 아이들에게는 매우 재미있고도 중요한 일입니다. 이 시기의 아이들은 행동하고 만지면서 배워나가기 때문에 꾸준히 일관성과 안전에 관한 제한선을 제시하며 안전하게 세상을 탐험할 자유를 줘야 합니다.

- 2~5세: 2세를 넘기면서부터 아이들은 '안 돼'의 힘을 배웁니다. 단호하게 거절하고 한계를 시험함으로써 독립심을 발휘하죠. 이 시기 아이들은 더 복잡한 감정을 경험하지만 그 감정을 표현하거나 문제를 해결하는 적절한 방법을 알지 못합니다. 그래서 갑자기 짜증을 부리기도 하고요. 자기중심적이고 다른 사람의 관점을 헤아리지 못하며 자기 통제력과 인내심이 제한적이지만, 단순한 규칙과 결과는 이해하기 시작합니다. 아이들이 느끼는 감정에 이름을 붙이고 적절한 활

동으로 주의를 돌리는 건 이 나이대 아이들을 양육하는 데 좋은 전략입니다.

- 5~11세: 학교에 다니기 시작하면서 기본적인 규칙들을 따르는 능력을 키우는 시기입니다. 타인의 감정과 욕구를 고려하게 되고 친구의 존재가 중요해지죠. 심리학자 장 피아제Jean Piaget의 인지발달 이론에 따르면, 논리적 추론은 7세에서 11세 시이에 발달하며 이 연령대 아이들은 문제의 여러 측면이나 상황을 고려하고 다단계 지시를 기억하며 따를 수 있습니다. 하지만 여전히 추상적이기보다 구체적이며 현재에 집중된 사고를 합니다. 이 단계에서는 아이들이 이를 닦거나 식탁 위를 치우는 등의 간단한 집안일을 책임질 수 있고 그렇게 함으로써 특혜를 얻을 수 있습니다. 그러나 싫어하는 일을 끝마치게 하려면 독촉이나 책임감을 일깨우는 수단 또는 보상이 지속적으로 필요합니다.

- 12~18세: 청소년기 아이들은 정체성을 개발하고 부모에게서 독립하기 위해 노력합니다. 그래서 자신의 가치와 신념, 관심사를 탐색하고 더 독립적인 결정을 내리며 추상적인 사고도 발달하죠. 이는 10대들이 더 복잡한 문제를 해결하고 원인 및 결과를 이해할 수 있으며 상황을 잘 계획하고 조직할 수 있다는 의미입니다. 그러나 종종 자신이 한 행동의 결과를 정확하게 인지하지 못합니다. 또 친구들의 영향을 많이 받고 위험한 행동을 겁 없이 하기도 하죠. 이런 강렬한 감정과 충동은 사춘기 아이들의 호르몬 변화에 따른 것으로 정상적인 과정입니다. 이때 자녀와의 경계는 통제하는 데 목적을 두기보다 스스로 자기 결정에 책임을 지게 인도하는 데 두어야 합니다. 부모들은 10대

자녀가 실수를 하고 그 실수에서 배울 수 있는 자유를 부여하는 것으로 제한선을 조정해야 합니다.

내 자녀와의
경계 파악하기

Q1. 당신의 아이는 어떤 발달 단계이며, 무엇을 할 수 있고 무엇을 하지 못하나요?

Q2. 자녀의 발달 단계를 고려했을 때, 당신이 설정한 경계는 현실적이라고 생각하나요?

Tip2 항상 일관적으로 설정하기

모든 연령대의 아이들에게 명확하고 일관된 경계와 경계 위반 시 있을 결과 집행에 대한 정보가 제공되어야 합니다. 프로젝트를 진행하는데 상사가 계속 방향을 바꿔댄다고 생각해보세요. 어떻게 해야 할지 막막해지겠죠. 어른도 이런데 아이들은 어떻겠나요? 언제는 밤늦게 자면 안 된다고 오후 10시부터 불을 꺼버려놓고는 또 어떨 땐 숙제를 다 하고 자야 한다며 잠을 못 자게 한다고 생각해보세요. 아이는 어떤 규칙이 우선인지 몰라서 헤매고 답답함을 느낄 겁니다.

부모는 자신의 감정 기복에 따라 예고 없이 경계를 바꾸거나 선택적으로 설정해서는 안 됩니다. 그리고 동시에 부모 자신도 스스로에게 너무 완벽할 것을 요구하지 마세요. 부모도 사람이기에 실수를 할 수 있습니다. 다만, 명확하게 소통하고 약속을 지키기 위해 노력해야 합니다.

**자녀와의 경계
일관성 평가하기**

Q1. 자녀에게 일관적으로 경계를 설정하지 못했다면, 그렇게 만든 요인들은 무엇이었나요? 선택지에서 골라보거나 직접 적어보세요.

피곤함 혹은 압박감 / 경계와 결과에 대해 부모끼리 의견이 다름 / 분노 / 죄책감 / 두려움 / 아이가 나를 좋아하길 원함 / 적절한 경계와 결과가 무엇인지 모름

Q2. 해당 요인을 없앨 수 있는 방법이 있을까요?

예) 잦은 분노가 걸림돌이라면, 분노 조절을 위한 명상을 한다.

Tip3 단순하게 설정하기

자녀를 위한 경계는 아이가 이해하기 쉬워야 합니다. 또 너무 많지도 않아야 합니다. 모든 상황에 관한 규칙을 만들더라도 부모가 이를 강요하는 건 불가능합니다. 경계를 시행하는 데 과도한 시간과 에너지를 소비해야 하죠. 그렇게 되면 자녀와의 관계는 오히려 망가지게 될 뿐입니다.

모든 연령대의 아이들에게 가장 중요한 경계는 신체적·정신적 안전을 위한 경계입니다. 그러므로 안전과 관련된 경계는 더욱 단순하고 간결해야 합니다. '나를 정신적으로 지치게 하는 사람을 구분해야 한다'는 것보다 '유리창에 돌을 던지지 마라' 혹은 '책장 위에 올라가지 마라'와 같이 안전을 위해 반드시 주의해야 하는 경계를 설정해야 하죠. 더불어 부모의 가치관을 반영하고 교육, 예의, 인성, 건강 등 무엇이든 자녀에게 가장 중요한 가치에 집중해 설정해야 합니다. 배우자가 있다면 자녀의 경계를 파악하고 우선순위를 정하는 데 협력하길 권합니다.

자녀와의 경계
우선순위 정하기

Q1. 자녀에게 안전과 관련한 경계 중 어떤 경계를 가장 우선시할 건가요? 자녀가 없다면 후에 생겼을 때를 상상해보세요.

Q2. 자녀에게 어떤 가치관에 근거한 경계를 우선시할 건가요? 두세 개를 정해보세요.

Tip4 결과는 논리적으로

일곱 살 난 형이 세 살배기 동생에게 장난감을 던지는 상황이라면, 여기서 부모가 취할 논리적 결과는 무엇일까요? 형을 마구 혼내는 것, 동생을 다른 방으로 분리시키는 것, 간식을 주지 않는 것 등이 있을 수 있겠죠. 그러나 보다 논리적인 결과라는 건 ①위반된 경계와 직결되는 것이어야 하며 ②아이에게 수치심과 고통을 주는 게 아니라 행동을 개선하도록 하는 걸 목표로 합니다. 문제 상황에 이치적으로 들어맞아서 아이가 효과적으로 경계를 지키게 되는 거죠. 앞선 상황이라면, 동생에게 장난감을 던지는 형을 혼내거나 아예 둘이 못 놀게 하는 것보다 장난감을 빼앗는 것이 좀 더 논리적인 결과입니다. 동생의 안전이라는 경계를 지키며 동시에 형이 수치심과 고통을 느끼는 대신 자신의 문제 행동만 되돌아보게 하기 때문입니다.

Tip5 언제나 냉정함 유지하기

때로는 강렬한 감정이 경계 설정에 방해가 되기도 합니다. 과잉 반응해 불필요하게 제한적인 규칙과 결과를 만들 수 있다는 뜻이죠. 아니면 너무 압박감을 느끼고 좌절한 나머지 상황을 포기하고 아예 경계를 강화하지 않을 수도 있습니다. 저를 포함한 많은 부모가 이렇게 행동하고 있는 걸 알지만, 이는 역효과만 낼 뿐입니다. 부모로서 침착한 태도로 아이와의 관계에서 냉정함을 유지하려 노력해야 합니다. 또 효과적으로 의사소통하려는 시도도 게을리해서는 안 됩니다.

대부분의 가정은 잠자리에 드는 시간이나 아침에 일어나는 시간, 통금 시간과 같은 문제로 '경계 관련 갈등'을 반복합니다. 그러면서 서서히 가족 간에 스트레스가 쌓이고 점차 감정이 폭발하는 상황들이 늘어나죠. 결국엔 당장 결과를 집행하겠다고 나오거나 큰 다툼이 일어나서 관계가 망가집니다.

경계 관련 갈등을 없애는 데는 시간과 일종의 실험이 필요합니다. 갈등을 없애려는 시도를 하기 전 상황을 더 쉽게 다룰 수 있게 하는 몇 가지 사항을 파악해야 하죠. 여기에는 시기의 변경, 관여하는 사람, 기대의 전달 방법 등이 포함될 수 있습니다. 예를 들어 아이가 너무 지치기 전에 기상 시간을 조금 늦춰주고, 말이 좀 통하는 청소년기 자녀와는 갈등 상황에 대해 의견을 나누는 것입니다.

경계는 '모 아니면 도'가 아닙니다. 그러니 한 번에 모든 걸 하려고 노력하다가 스트레스를 받고 냉정함을 잃지 마세요. 합리적으로 생각했을 때 할 수 있는 걸 하면 됩니다. 또 스트레스를 예방할 수 있도록 자기 관리를 해나가고 자녀와 갈등이 있을 때 그 순간의 감정을 진정시키는 자신만의 전략을 마련해두세요. 그러면 자녀에게 반응적으로 행동하는 걸 줄이고 사려 깊고 건설적인 대화를 요청할 수 있을 것입니다.

> **9챕터를 마무리하며**
>
> 우리는 자녀들과 더 나은 경계를 설정하는 과정을 통과하는 중입니다. 아이들의 현재와 미래 그리고 행복을 위해 경계가 얼마나 중요한지 알기 때문에 부모는 인내하고 또 인내할 수 있을 거예요. 발달 단계에 적절하고 일관되며 단순하고도 논리적인 경계를 설정할 수 있도록 최선을 다해보세요. 막히거나 좌절할 때는 도움을 요청하세요. 그리고 실수했을 때 스스로를 엄하게 대하지 마세요. 실수는 자녀들과 경계를 설정하는 과정의 일부일 뿐입니다.

CHAPTER 10
가족, 친구와 경계를 두는 게 두려워요

가족들과 절친한 친구들은 다양한 방식으로 나의 삶을 풍요롭게 합니다. 친구와 가족은 정서적으로나 실질적으로 도움을 주며, 즐거운 시간을 보낼 수 있게 해주고, 과거에 관한 의미 있는 유대감을 제공합니다. 그러나 한편으로는 긴장과 갈등, 고통스러운 오해와 깨져버린 약속들로 가득하기도 하죠. 이번 챕터에서는 가족, 친구와의 관계에서 발생하는 공통적인 경계 관련 문제를 살펴보고 이를 해결하는 방법을 알아보겠습니다.

가까운 관계에서 주로 나타나는 경계 문제

　　　　　　가족 및 친구와의 관계는 얼마나 많은 시간을 함께 보낼지, 명절과 특별한 날을 어떻게 기념할지, 함께 살 경우 돈을 어떻게 관리하고 사생활을 어느 정도 보장받을지 등 그들과 어떻게 상호작용할지에 관한 기대가 포함됩니다. 이런 기대 때문에 발생하는 공통적인 경계 관련 문제들이 있습니다.

함께 보내는 시간

　가족들과 얼마나 자주 만나기를 바라나요? 친구와는 얼마나 많은 시간을 교류하고 싶죠? 상대도 여러분과 같은 기대를 하고 있을까요? 이 질문들은 상대와 함께 시간 관련 경계를 설정할 때 근본적으로 생각해야 합니다.

앤서니의 부모님은 앤서니가 결혼한 후에도 여전히 주말마다 함께 점심을 먹길 원합니다. 앤서니 부부가 다른 일정이라도 잡으면 서운함을 숨기지 않아 앤서니가 죄책감을 느끼게 하죠. 한편 니샤는 가장 친한 친구 제니가 자신과 통화하거나 약속을 잡으려 노력하지 않아 상처를 받고 있습니다.

얼마나 많은 시간을 가족 및 친구들과 보낼지에 관해 경계를 설정하는 일은 까다로울지 모릅니다. 결혼해 아이를 낳고, 이사를 하거나 직업을 바꾸고, 또 건강 관련 이슈가 생기는 등 삶은 변화하며 그동안 이어져온 '합의'가 더 이상 적용되지 않을 수 있기 때문이죠. 어쩌면 앤서니처럼 더 이상 자기 욕구를 충족시키지 못하는 상황에 처할지도 모릅니다. 혹은 니샤처럼 자신과 상대 욕구 사이에 늘 상당한 차이가 있을지도 모르고요.

휴일 및 특별한 날

심리치료사로 일하면서 가족이 참여하는 기념일에 참석하는 문제로 경계 갈등을 빚는 분들을 정말 많이 봤습니다. 그만큼 휴일과 기념일에 시간을 어떻게 보낼지에 대해서는 사람마다 다른 기대를 가지고 있습니다.

게다가 명절과 결혼식, 장례식, 출산과 같은 특별한 날은 다들 감정이 크게 일어나는 때여서 이런 날 경계 갈등이 터지면 걷잡을 수 없이 커지기 일쑤입니다. 대개 특별한 날들에 대해서 잠재적인 기대들이 있습니다. 그런데 몇몇 사람들은 그 기대가 비현실적으로 높거나 일방적이기도 합니다. 완벽함을 추구하는 정도, 일의 진행 방식, 아이디어에 대한 가치관 등도 달라서 같은 일을 두고도 다른 생각을 하게 됩니다.

셰일라의 경우도 그랬습니다. 셰일라는 빠듯한 예산으로 결혼식을 준비 중이었습니다. 그녀는 하객 수가 50명으로 제한되어 있다고 어머니와 예비 시어머니에게 미리 알려두었죠. 그래서 두 어머니는 제한된 인원수 내에서 초대할 사람을 정했습니다. 그 후 정해진 명단에 따라 초대장이 발송되었죠. 그런데 뒤늦게 시어머니가 자기 친구 부부 세 쌍을 무조건 불러야 한다고 말했습니다. 심지어는 셰일라에게 말하기 전에 여분의 초대장도 보내놓은 상태였죠. 셰일라는 자신과 상의도 없이 또 어떠한 금전적 도움도 없이 멋대로 행동한 시어머니에게 화가 났습니다. 심지어 셰일라의 어머니는 평생 친하게 지낸 친구도 못 부른 상황이라 더욱 화를 감출 수가 없었습니다.

여러분은 셰일라가 왜 그렇게 격한 반응을 했는지 아마 이해할 수 있을 겁니다. 다른 사람의 특별한 날에 멋대로 자기 손님을 초대하는 일은 도를 넘는 행동이니까요. '나의 결혼식에 참석할 사람은 스스로 정할 것이다'라는 셰일라의 경계를 위반한 시어머니에게 불길 같은 분노가 터질 수밖에 없습니다.

육아 방식

자녀가 있다면 자녀 육아에 있어 가족이나 친구들이 정도를 지나쳐 참견한다고 느끼는 경우 혹은 무례하게 군다고 느끼는 경우가 많습니다. 다음 몇 가지 예를 살펴보죠.

- 원치 않는 육아 조언을 하는 것
- 공동 육아이지만 내 의견은 싹 무시하는 것
- 나의 자녀와 둘이 몰래 내게 비밀을 만드는 것
- 내가 허락하지 않은 방식으로 자녀 훈육하는 것
- 자녀에 관한 내 걱정을 아무것도 아닌 양 일축하는 것
- 본인이 나보다 자녀들을 더 잘 양육할 수 있다고 주장하는 것
- 사주지 말라는 걸 사주고 데려가지 말라고 한 장소에 데려가고 만나게 하지 말라고 한 사람들과 시간을 보내게 하는 등 하지 말라고 한 행동을 하는 것

보통 사람들은 육아에 관해 뚜렷한 의견이 있거나 기대가 있습니다. 그러나 실질적으로 아이를 돌보는 부모는 해로운 대상에게서 아이를 보호하는 것이 우선순위이기 때문에 가족이나 친구와 경계 문제를 자주 겪게 됩니다.

돈 관리

돈을 어떻게 다루느냐에 관한 문제는 부정적 감정을 일으킬 수 있습니다. 특히 소득이나 부의 차이가 클 경우 가족이나 친구들과 터놓고 이야기하기 어렵죠. 금전적 경계는 단순히 재정을 건강히 보호할 권리와 책임에 관한 것만이 아니기 때문에 어려운 문제입니다.

드숀은 자신이 이용당한 것 같다고 느꼈습니다. 친구 루이스가 함께 외식을 하거나 차로 여행을 가면 절대 돈을 내지 않았기 때문입니다.

사실 드숀은 루이스 몫의 식대와 여행 경비를 감당할 재력은 있습니다. 문제는 루이스가 드숀에게 부탁하거나 고마워하지도 않고 드숀이 자기 몫까지 돈을 내는 걸 당연히 여기는 것이었습니다. 드숀은 루이스에게 존중받지 못한다고 느끼며 때론 루이스의 '지갑'이 되는 것 같은 짜증을 느꼈습니다. 드숀의 이야기에서 보듯 돈은 다른 욕구와 감정을 표면으로 끌어내는 자극이 될 수 있습니다. 그로 인해 명확한 경계 설정보다는 감정을 앞세운 다툼이 되기도 합니다.

앞서 다룬 많은 것과 마찬가지로 돈에 관한 생각과 느낌 역시 어린 시절 경험에서 비롯되는 부분이 많습니다. 어떤 가정에서는 사랑을 표현하기 위해 또 어떤 가정에서는 자녀를 통제하기 위해 돈을 이용합니다. 그 메시지는 어른이 되어서도 이어질 가능성이 큽니다. 따라서 돈에 관한 자신의 신념을 잘 알면 왜 본인이 금전에 관한 경계를 설정하거나 받아들이는 데 어려움을 겪는지 더 잘 이해할 수 있습니다.

내 가정의 돈
경계 살피기

Q1. 부모님이나 가족에게서 돈을 쓰고 저축하는 것에 관해 무엇을 배웠나요?

Q2. 돈이 위안과 안전의 원천이었나요, 아니면 갈등과 불안의 원천이었나요?

Q3. 내 가족은 경제적 여유가 많은 사람을 어떻게 바라보았나요?

Q4. 경제적으로 도움이 필요한 사람들을 돕는 것에 관해 무엇을 배웠나요?

사생활

사생활은 자신의 개성을 유지하고 편안하거나 안전하다고 느끼는 것만을 공유하게 하는 물리적·감정적 공간이라 할 수 있습니다. 때로 친구나 가족은 거슬리는 질문을 아무렇지 않게 하고 말도 없이 일기를 보거나 SNS에 난처한 사진을 게시하며 사생활 경계를 침해합니다. 그게 잘못되었다는 감정을 갖지 못하고 친하니까 그래도 된다고 생각해서죠.

또한 사생활에 관한 욕구는 사람마다 다를 수 있습니다. 그래서 가족이나 친구보다 사생활이 더 중요한 사람도 있고, 반대로 매번 타인의 사생활에 침범해 들어가는 사람도 있습니다. 어떤 식이든 경계 문제가 발생할 가능성은 매우 높습니다.

가족 및 친구와의
경계 갈등 살피기

Q1. 해결하지 못한 가족이나 친구들과의 경계 갈등을 적어보세요.

예) 자기 쇼핑할 때 반드시 같이 가주길 원하는 친구와의 말다툼

Q2. 이 문제를 해결하기 위해 어떤 조치를 취했나요?

예) 친구가 쇼핑할 때 나는 학원을 간다는 점을 강조했고, 나도 여유가 될 때 함께 쇼핑을 가자고 제안했다.

다른 영역과 구별되는 독특한 어려움 해결하기

이제 가족 및 친구들과의 경계 문제가 무엇인지 파악했으니 책에서 배운 경계 기술을 적용해봅시다. 더 나은 경계 설정을 위한 4단계(4챕터)를 사용하면 충족되지 않은 욕구를 파악하고, 선택지를 고려하고, 계획을 세우고 구현한 다음 경계를 미세하게 조정할 수 있어요. 다만 가족이나 친구와의 경계에는 다른 영역과 구별되는 독특한 어려움이 몇 가지 있습니다. 이에 맞는 유용한 추가 전략과 고려 사항을 소개해드리죠.

Tip1 차이점 존중하기

경계 규범은 가족과 문화에 따라 다르며 가족과 친구 집단은 점점 더 다양해지고 있습니다. 가족과 친구들은 서로 다른 종교적 신념, 정치적

견해, 성적 지향, 성별 정체성, 신체적 능력, 문화적 관행 등을 가지고 있죠. 이러한 차이점들은 우리 삶을 풍요롭게 하지만 상대의 믿음과 경험, 욕구를 이해하려 노력하지 않는다면 오해와 경계 갈등의 불씨가 될 수도 있습니다.

이렇게 가까운 듯 먼 가족과 친구임에도 종종 어떤 이들은 타인에 대해 최악의 상황을 가정하고 상대를 판단하며 또 상대의 관점을 듣거나 대안을 생각하지 않은 채 자신의 믿음을 강요합니다. 상대의 관점이나 문화를 이해하지 못하는 경우, 그가 내 경계를 침해할 때 더 상처받거나 화나기 쉽고 자신도 모르게 그의 경계를 침해하게 되죠.

물론 누군가의 문화에 무감각했고 다른 관점을 이해하려 노력하지 않았다는 걸 알아채는 일은 고통스럽습니다. 만약 여러분의 상황도 그렇다면 자기 용서Self-forgiveness를 연습하세요. 부정적 감정과 죄책감은 관계를 형성하고 배우며 타협하는 데 도움이 되지 않습니다.

저는 실수했을 때 다음과 같은 자기 용서 만트라를 반복하며 안도감을 느낍니다.

"나는 내 실수와 단점을 용서한다. 나는 나 자신에게 자기비판적으로 굴거나 모질게 대하지 않을 것이다. 그런 태도는 아무에게도 도움이 되지 않기 때문이다. 대신 나 자신과 다른 사람들을 사랑과 존경의 마음으로 대하는 데 모든 에너지를 쏟겠다. 또 다른 사람들을 더 잘 이해할 수 있도록 배우고 성장하는 데 최선을 다할 것이다."

**가족 및 친구와의
차이 존중법 찾기**

Q1. 가족 및 친구들과의 사이에서 어떤 차이점이 경계 관련 문제를 불러올 수 있을까요?

Q2. 위에서 답한 차이점으로 실제로 가족 및 친구와 갈등을 겪었나요?

Q3. 어떻게 하면 서로의 차이점을 더 잘 이해하고 해결하기 위한 의사소통을 할 수 있을까요?

Tip2 죄책감 느끼지 않기

　죄책감은 경계를 설정하는 데 강력한 걸림돌입니다. 누구나 경계를 설정할 때 약간씩은 미안한 마음을 느낍니다. 그중에서도 가정에서는 나이와 상관없이 고정된 가족 구성원으로서의 역할(보살피는 역할이나 가족 간의 평화를 중재하는 사람 등)을 하는 경우가 많아 더욱 죄책감을 느끼기가 쉽습니다. 어제는 해주더니 왜 오늘은 안 되냐는 소리가 튀어나오는 곳이 바로 가정이죠. 또 대부분은 가족과 어떤 관계를 맺어야 하는지, 얼마나 자주 만나야 하는지, 가족을 어떻게 대해야 하는지, 가족이 나를 어떻게 대해야 하는지에 대해 경직된 사고관을 가지고 있습니다. 부여받은 역할과 기대가 너무나 선명하니 그 기준에 만족하지 못하면 자연스레 죄책감을 느끼는 겁니다.

　그런가 하면, 죄책감은 도움이 되기도 합니다. 실제로 잘못을 저질렀을 경우에는 죄책감을 느끼는 것이 오히려 적절합니다. 적당한 수준의 죄책감은 더 잘 행동하도록 동기를 부여하기 때문입니다. 하지만 자신에게 비현실적인 기대를 하고 있거나 반대로 다른 사람들이 나에게 불가능할 정도로 높은 기준을 강요한다면, 나는 잘못한 게 없는데도 죄책감을 느끼게 됩니다. 이 경우 죄책감은 도움이 아니라 걸림돌이 되죠. 자존감을 떨어뜨릴 뿐 아니라 욕구를 주장하기 어렵게 만듭니다. 경계 설정에 죄책감을 느낀다면 그 경험을 잘 분석해 어떤 기대나 믿음이 그 감정을 만들어내고 있는지 살펴봐야 합니다.

가족의 믿음과 기대 평가하기

Q1. 이어지는 표를 이용해 나와 내 가족들이 믿음이나 기대를 얼마나 강하게 가지고 있는지 평가해보세요. 각자 상황에 맞추기 위해 '가족'이라는 단어를 '아버지'나 '할머니'와 같은 특정 가족 구성원으로 대체해도 좋습니다.

믿음 또는 기대	나는 이것을 얼마나 강하게 믿는가? (0-10)	내 가족은 이것을 얼마나 강하게 믿는가? (0-10)
나는 가족이 필요한 게 있을 때 만사를 제쳐두고 도와야 한다.		
나는 친절해야 하고 가족과 갈등이 없어야 한다.		
피는 물보다 진하다.		
아이들은 부모님이나 어른을 공경해야 한다.		
가족이 내 감정을 상하게 하거나 나를 학대해도 나는 큰 소란을 피워선 안 된다.		
나는 가족을 만족시키기 위해 내 목표를 희생해야 한다.		
가족에게 제한선을 두는 건 이기적이거나 잘못된 일이다.		
나는 가족에게 모든 걸 신세 졌다.		
나는 가족에게 화를 내서는 안 된다.		
좋은 '아빠/엄마/딸/아들'이라면 불평 없이 가족을 돌볼 것이다.		
가족을 돌보는 게 내 일이다.		
나는 나보다 가족의 욕구를 우선시해야 한다.		
내 인생에서 가족을 도려내는 건 잘못된 일이다.		
나는 가족을 행복하게 하기 위해 무슨 일이든 해야 한다.		
나는 나쁜 '아빠/엄마/딸/아들'이다.		

Q2. 5점 이상이라고 평가한 믿음이나 기대를 잘 살펴보세요. 그중 죄책감을 해소해야 할 항목을 선택하고 이것이 타당한지 판단해보세요. 타당성을 평가하는 데 도움이 되는 질문을 몇 가지 알려드립니다.

- 절대성(항상, 결코)에 예외가 있는가
- 이 기대나 믿음이 내 가치와 일치하는가
- 다른 사람에게 이 기준을 지키게 할 것인가
- 이것은 내 믿음이나 기대인가, 아니면 다른 사람의 것인가
- 내가 무엇을 해야 하는지 결정하는 주체가 타인인가, 나인가
- 이 믿음이나 기대가 내게 도움이 되거나 나 자신을 돌보아주는가

예) 엄마가 필요한 게 있을 때 만사를 제쳐두고 도와야 한다. → 이 기대는 엄마의 것이다. 이 기대는 내 시간 관리에 도움이 되지 않고 나를 돌보게 하지 않는다. 나는 남에게도 내가 필요로 할 때 언제든 와야 한다고 강요하고 싶지 않다. 따라서 이 기대는 타당하지 않다.

Q3. 이제 믿음이나 기대를 다시 써보세요.

예) 나는 현실적으로 주말에는 어머니의 욕구 중 일부를 충족해드릴 수 있다. 나는 어머니의 욕구와 내 욕구 사이에서 균형을 맞추는 일이 중요하다고 생각한다. 가끔 싫다고 말하더라도 나는 여전히 좋은 딸이다.

Tip3 도움 요청하기

나를 지지하는 사람들의 도움을 받으면 가족 및 친구와 경계 설정하는 일을 더 쉽게 해낼 수 있습니다. 이런 도움 요청이 간단할 때도 있지만 때로는 많은 노력이 필요하기도 합니다. 예를 들어 갈등 상황에 얽히고 싶어 하지 않는 회피 성향의 배우자처럼요.

여러분은 어떤 과정을 거쳐 다른 사람의 도움을 받나요? 가장 먼저 해야 할 건 어떤 도움이 필요한지 아는 일입니다. 어머니와 경계를 설정할 때 동생에게 자신을 지지해달라고 부탁한다면 동생은 '지지해달라'는 말을 달리 생각할 수도 있습니다. 만약 둘 다 이 차이를 알아차리지 못한다면 결국 아무도 원하지 않은 결과에 좌절하고 실망하게 될지 모릅니다.

그다음으로는 구체적인 사항을 요청하고 그 도움을 주기에 가장 적합한 사람을 정해야 합니다. 그래야 필요한 도움을 받을 가능성이 크죠.

다음은 필요한 도움을 구체적으로 표현하는 몇 가지 예입니다.

- 나는 응원한다는 의미로 방에 같이 있어줄 사람이 필요하다.
- 나는 경계 설정이나 경계 설정 연습을 할 때 도움이 필요하다.
- 나는 경계 설정에 좌절할 때 누군가에게 전화하거나 문자메시지를 보내고 싶다.
- 나는 경계를 설정할 때 미소를 지어주거나 고개를 끄덕여주거나 어깨에 손을 얹어주는 등의 격려가 필요하다.
- 나는 경계 위반자가 내 주위를 돌아다닐 수 없도록 같은 경계를 설정

하고 이를 시행할 동료가 필요하다(남편이 동생에게 집안에서 담배를 피우지 말라고 말해주고, 내가 집을 비울 때는 남편이 동생의 흡연을 제재해 줬으면 한다).

도움을 청하는 건 가족이나 친구, 다른 누군가와 경계를 설정할 때 좋은 수단이 될 수 있습니다. 힌편 이런 도움을 청하는 대상은 종종 가깝고 개인적인 관계를 맺고 있는 사람인 경우가 많습니다. 특히 배우자가 여기에 해당하죠.

많은 부부에게 가족 내 경계는 갈등의 주요 원인입니다. 그때 배우자가 해당 상황에 관여하고 싶어 하지 않거나 경계 설정하려는 노력을 누르려고 할 수도 있습니다. 배우자의 협조와 시원 없이는 가족의 경계를 설정하고 시행하기가 어렵습니다. 둘이 필요한 것을 고려하고 기꺼이 타협하려는 태도로 서로 공감할 때, 모두에게 맞는 경계를 설정할 수 있죠.

가족과의 경계를 설정할 때 어려운 점 중 하나는 각자 가족과 다른 관계를 맺고 있어 요구 사항이 다르다는 겁니다. 일반적으로 사람들은 배우자의 가족보다 자신의 원래 가족을 더 가깝게 생각하고 친밀감을 느낍니다. 아내는 시어머니의 모욕적인 행동을 참을 수 없다고 생각하는 데 반해 남편은 시어머니의 행동이 정상적이라고 말하는 경우처럼요. 이러한 경계 문제에 관한 협력은 아내가 시어머니에게서 실현하고 싶은 욕구와 배우자에게서 실현하고 싶은 욕구를 동시에 다루는 일이라 매우 복잡합니다. 두 가지 욕구를 모두 해결하기 위해 6챕터와 8챕터에서 다룬 방법을 적용해 욕구와 기분을 전달하고 타협을 위해 노력할 수 있습니다.

가족 및 친구와의　　Q1. 가족이나 친구와의 경계 관련 문제를 파악하세요.
경계 문제 도움
요청하기
　　　　　　　　　　Q2. 어떤 도움이 필요한가요?

　　　　　　　　　　Q3. 나를 돕기에 가장 좋은 사람은 누구고 그 이유는 무엇인가요?

가족 내 경계 문제 해결하기

Q1. 가족에게 무엇을 원하나요? 가족 구성원에게 원하는 행동 변화가 아닌 충족되지 않은 내 욕구에 초점을 맞춰서 생각해보세요.

> 예) 나는 시어머니에게 존중받는다는 느낌을 받고 싶다. 그리고 남편이 이 문제를 회피하지 않기 바란다.

Q2. 내 감정과 욕구를 전달하기 위해 나 전달법 문장을 적어보세요.

> 예) 당신 어머니가 날 모욕할 때 자주 상처받게 돼. 당신이 어머니께 그렇게 말하지 말라고 해줬으면 좋겠어. 해줄 수 있지?

Q3. 가족이 내 감정과 욕구를 이해하지 못하고 요청을 거부할 때, 어떻게 더 말해볼 수 있을까요?

> 예) 시어머니가 내게 모욕적인 행동을 할 때 당신이 아무 말도 안 하면 난 외톨이가 된 기분이야. 당신이 내 감정보다 어머니 감정을 더 신경 쓰는 것 같기도 해. 난 나 대신 당신이 싸워주길 바라는 게 아니야. 그저 당신이 내 감정을 인정하고 나를 지지해줬으면 해. 그래줄 수 있지?

10챕터를 마무리하며

10챕터에서는 가족, 친구들과의 공통적인 경계를 설정할 때 생기는 갈등 상황과 차이를 존중하고 경계를 방해하는 죄책감을 해소하며 도움을 요청하는 방법에 관해 자세히 살펴보았습니다. 가까운 관계이기에 더욱 명확한 경계 설정이나 경계 문제 해결이 어렵다는 것을 기억하고 보다 더 명확하게 자신의 욕구를 전달할 수 있도록 노력합시다.

CHAPTER 11
끊임없이 무시하는 사람은 어떻게 대응하나요?

주위에 내가 설정한 경계에 끊임없이 도전하고 무시하는 사람이 있나요? 그런 사람을 만나면 정말 지치고 화가 나 상대를 맹렬히 비난하게 되고 혹은 절망스럽고 두려워 아예 그와 경계 설정하는 걸 그만두게 됩니다. 그러나 이건 여러분에게 문제를 해결할 힘이 없어서가 아니에요. 이번 챕터에서는 왜 '어려운 사람들'을 인지하는 게 중요한지, 또 그들과 어떻게 경계를 설정할지에 관해 연습할게요.

누구에게나
특히 더 어려운
사람이 존재한다

가끔 필요한 걸 명확히 제시하고 요구가 아닌 요청을 할 때, 즉 제대로 행동할 때에도 여전히 특정한 몇몇과는 효과적인 경계를 설정할 수 없습니다. 이런 경우 우리는 '어려운 사람'이라고 규정할 수 있는 대상을 상대하고 있는 것입니다.

공식적인 기준은 없지만 어려운 사람들은 보통 다음과 같은 성향을 띕니다.

- 타협을 거부한다.
- 무리한 요구를 한다.
- 거짓말을 자주 한다.
- 항상 자기 말이 옳다고 한다.
- 반복적으로 경계를 위반한다.

- 자신이 피해자인 양 행세한다.
- 내 가치관, 신념, 선택을 하찮게 여긴다.
- 원하는 걸 얻기 위해 다른 사람들을 조종한다.
- 다른 사람의 감정이나 욕구를 고려하지 않는다.
- 권한에서 우러난 행동과 규칙 준수가 통하지 않는다.
- 내 배우자, 자녀, 또는 다른 사람들과의 관계를 해친다.
- 다른 사람들을 비난하고 자기 행동에 책임을 지지 않는다.
- 나와 내 삶에 관해 진지하게 걱정하지 않고 관심도 보이지 않는다.
- 뒤에서 다른 사람과 관련한 소문을 퍼뜨리거나 험담을 늘어놓는다.
- 불안정하거나 예측할 수 없고 물리적으로 공격적인 태도를 보인다.
- 가스라이팅(현실에 대한 인식을 의심하게 만드는 조작의 한 형태)을 한다.
- 내가 자신을 도울 거라 기대하면서 본인이 받은 호의는 돌려주려 하지 않는다.
- 마음대로 되지 않을 때 소리를 지르거나 욕을 하고 다른 사람을 비판하며 헐뜯는다.
- 수동-공격적 행동(침묵으로 대응하거나 잊어버리기 또는 칭찬으로 위장한 비판 등)을 한다.
- 중독이나 다른 문제 때문에 애를 먹고 있지만 그런 자신을 바꾸려는 노력은 하지 않는다.
- 웬만하면 상대에게 사과하지 않는 편이며 만일 한다 해도 깊이가 없고 억지로 했거나 가짜에 불과하다.

아미르의 아버지는 반려견 버스터를 거의 모든 곳에 데리고 다닙니다. 아미르는 몇 년 전 버스터에게 물리는 사고를 당했지만 그래도 아버지가 버스터를 집에 데려오는 걸 절대 반대하지 않았습니다. 하지만 아미르의 아내 루시가 아기를 낳자 생각이 바뀌었습니다. 공격적인 성격의 버스터가 아기 주변에 오지 않기를 바랐죠.

그래서 아미르는 아버지에게 정중히 부탁했습니다.

"아버지, 앞으로 저희 집에 오실 땐 버스터는 데려오지 말아주세요. 아기가 다칠까 걱정돼요."

그러나 아버지는 마구 소리를 지르며 화를 내었습니다.

"네가 뭔데 버스터를 데려오라 마라야? 아미르, 난 네 아비다. 넌 내 말을 들어야 해! 어릴 때부터 그렇게 겁쟁이더니 고작 강아지 한 마리를 무서워해?"

아미르의 아버지처럼 경계 설정이 어려운 사람들은 우리 삶을 비참하게 만듭니다. 아무리 논리적으로 소통하려 해도 오히려 나를 비열하고 불공평하며 비이성적이라 세뇌하려 들죠. 사실 어려운 사람들의 그런 반응은 공감에 관한 문제이지 내가 말도 안 되는 경계를 설정한 게 아닙니다.

보통 아미르의 아버지처럼 어려운 사람의 행동은 눈에 잘 띄는 편입니다. 하지만 어떤 어려운 사람들은 꽤 매력적인 데다가 자기 행동이 정상적이고 후에 변화가 가능할 것처럼 꾸며내기도 합니다. 그러나 나의 생각과 감정, 신체 감각을 잘 파악한다면 상대가 아무리 꾸며내도 그가 어려운 사람임을 알리는 신호를 캐치할 수 있습니다.

어려운 사람　　Q1. 경계를 설정하기 어렵거나 자주 경계 위반을 해오는 사람이 있나
찾아내기　　　　　요? 그 사람과 상호작용할 때 어떤 생각이 드나요?

　　　　　　　　Q2. 기분은 어떤가요?

　　　　　　　　Q3. 몸은 어떻게 반응하나요?

　　　　　　　　Q4. 그 밖에도 그 사람에게서 받는 부정적인 영향이 있나요?

힘겨루기 없이
어려운 사람과
경계 설정하는 법

어려운 사람들을 대할 때는 평소와 다르게 접근할 필요가 있습니다. 타협이나 감정적 호소 같은 전략은 효과가 없죠. 그 대신 안전을 확보하고 불필요한 힘겨루기를 피하며 내가 뭘 통제할 수 있는지 알아차리는 것에 초점을 맞춰야 합니다. 그러지 않으면 논쟁이나 비난, 최후통첩, 더 상황을 악화시키는 비생산적인 대화에 갇히게 될지 모릅니다.

Tip1 늘 안전을 우선순위에 두기

어려운 사람을 어떻게 대할지 결정할 때 안전이 최우선이어야 합니다. 어려운 사람이 가져올 수 있는 해로움을 과소평가하지 마세요.

다른 사람의 행동을 확실히 예측할 수 있는 사람은 아무도 없지만 과거 행동은 보통 미래를 보여주는 강력한 지표가 됩니다. 예전에 상대가 위험한 일을 저질렀거나 나를 포함한 주변 사람에게 해를 끼친 적이 있다면 얕잡아 보지 말아야 합니다.

때론 해를 끼친 어려운 사람이 친구나 사랑하는 사람이 될 수도 있습니다. 그들이 내게 피해를 입혔다고 인정하는 건 또 다른 고통이 되기도 합니다. 이럴 땐 자신을 다정하게 대하고 본인에게 맞는 속도로 이 챕터의 연습 문제를 계속 진행해나가세요.

나의 안전을 위해 다음에 나열된 안전 조치를 고려해보세요.

- 어려운 사람에게 경계를 설명하거나 정당화할 필요가 없음을 인지한다. 어려운 사람들은 나의 경계와 욕구를 비판한다. 만약 경계나 결과를 전달하는 게 누군가를 화나게 하고 나를 위험에 빠뜨릴 것 같다면 즉시 자신을 보호할 조치를 취한다(그 상황을 떠나거나 경찰을 부르거나 이사하는 것 등).
- 만약 상대가 폭력적이거나 공격적이거나 나와 다른 사람들을 위협했다면, 공공장소나 다른 성인들과 함께 있을 때 대화를 나눈다.
- 직접 대화하는 게 안전하지 않다고 생각되면 문자메시지, 이메일 또는 전화를 사용한다.
- 만약 상대가 매우 공격적이고 나와 다른 사람들의 안전을 위협했다면 법원에 접근금지명령을 신청한다.
- 안전한 장소의 식별, 지원 담당자 및 커뮤니티 관련 정보(대피소 및 위기 상황 센터 전화번호 등), 자금 관련 및 신원 확인을 포함하는 안전 계획을 세워둔다.

나의 안전
보호하기

Q. 자신을 위험에서 보호하기 위해 어떤 조치를 취할 수 있나요?

Tip2 불필요한 힘겨루기는 피하기

어려운 사람들은 통제력을 갖길 원합니다. 그들은 책임을 회피하기 위해 종종 다른 사람과 다투고 갈등을 일으키며 경계 설정과 그 실행을 방해합니다. 어려운 사람들은 갈등 상황을 즐기는 편이기 때문에 불필요한 힘겨루기를 피하는 게 나의 몫이 되어버리죠.

타인을 이해하는 데 관심이 없거나 감정이입이 부족한 사람과 논쟁 또는 협상하는 건 생산적인 일이 아닙니다. 뭐가 걸림돌인지는 알아보되 미끼는 물지 마세요.

어려운 사람들은 여러분을 흥분하게 하는 적절한 비난이나 사건을 알고 있는 경우가 많습니다. 반면 우리는 누가 나를 논쟁에 빠뜨리려 하는지 알아차리기 어렵고요. 그래서 어려운 사람의 미끼를 알아채는 연습을 해야 합니다.

경계와 관련하여 끊임없이 나를 화나게 하고 반응하게 만드는 타인의 말과 행동을 잘 생각해보세요. 나의 능력을 무시하는 말, 나의 경계가 이기적이라는 말 등이 있을 겁니다. 바로 이것들이 주의해야 할 미끼입니다. 물론 미끼를 파악했다고 끝이 아닙니다. 대응법도 준비해야 합니다.

대개 어려운 사람들의 도발은 말다툼, 자기방어, 소리 지르고 비꼬거나 강요하기 등으로 이어지게 됩니다. 이런 반응은 미끼를 물고 물밖으로 끌려나가는 상황과 다름없죠. 대신 대응할 수 있는 선택지를 가능한 한 많이 나열해보고 그중에서 고민하여 선택해야 합니다. 만약 선택지를 떠올리기 어렵다면 존경하는 인물이나 현명하고 침착하며 자신감 있는 상상 속의 대상을 떠올려 그 사람이라면 같은 상황에서 어떻게 대응할지 상상해봅니다.

미끼를 알고 다르게 반응할 계획을 세우는 건 불필요한 힘겨루기를 피하는 데 유용합니다. 어려운 사람들은 긴 시간 여러분을 유혹해내려 자꾸만 미끼를 던지겠지만 포기하지 마세요. 나를 통제할 수 없고 원하는 반응을 얻을 수 없다는 걸 알면, 결국 그들은 멈춥니다.

우리는 스스로를 통제해 불필요한 힘겨루기 상황을 발생시키지 않도록 주의할 필요가 있습니다. 많은 사람들이 다른 사람에게 원하는 걸 얻고자 실수로 경계를 사용합니다. 알코올 중독자 부모님이 술을 끊기를, 아직 독립하지 못한 성인 자녀들이 직장을 얻었으면 하고 원하지만, 그 변화를 마구 강요할 수는 없겠죠. 잔소리하고 따라다니며 괴롭히는 일이 반복되면 불필요한 힘겨루기 상황이 일어날 수 있습니다.

Tip3 통제할 수 있는 것에 집중하기

어려운 사람들과 경계를 설정하는 유일한 방법은 내가 통제할 수 있는 것에 집중하는 겁니다. 어려운 사람들은 대부분 행동을 바꾸라는 요구에 응하지 않습니다. 오히려 분노로 대응하거나 자신에게 문제가 있다는 걸 부인하고 희생양인 척 연기하거나 변화하는 데 동의했더라도 끝까지 관철하지 않지요. 심지어 앞에서 웃어놓고는 갑자기 사라질 수도 있습니다. 어떻게 반응하든 진정성 있는 변화를 시도하고 있을 가능성은 적어요. 더 많은 추리와 변론, 협박을 할수록 어려운 사람들은 더 방어적이 되거나 화를 내면서 도리어 여러분을 조종하려 듭니다. 이는 삶을 개선하기 위해서는 할 수 있는 걸 해야 한다는 한 가지 선택지를 남겨줍니다.

다른 사람들을 변화시킬 수 없다는 걸 받아들이는 게 답답할 수 있어요. 그러나 좋은 소식은 자기 생각과 행동을 바꿈으로써 많은 욕구를 충족할 수 있다는 겁니다. 사람들은 개인적인 변화를 통해 경계 설정하는 연습을 거의 하지 않습니다. 내가 바뀌었을 때의 효과를 과소평가하고, 또는 상대를 변화하도록 설득해 그들을 도울 수 있다고 진심으로 생각하기 때문입니다.

아미르 이야기를 다시 살펴볼까요? 그의 아버지는 아미르가 아무리 친절하게 부탁하고 타당한 이유를 제시해도 변할 것 같지 않습니다. 그의 아버지가 강아지를 계속 데려오는 상황에서 아미르는 어떻게 경계를 설정하고 시행할 수 있을까요? 아미르가 통제할 수 있는 건 무엇일까요?

아미르는 아버지를 아예 집에 초대하지 않거나 강아지를 데려오면 문을 안 열어주는 등의 대응을 할 수 있습니다. 아미르가 실제로 이 선택지들을 실행하는 데는 큰 용기가 필요합니다. 어려운 사람인 아버지의 비난을 받아야 하죠. 그러나 이 선택지들은 강아지로부터 아기를 보호할 수 있습니다. 뿐만 아니라 아미르가 상황을 통제하는 방법도 되고요.

통제 가능한
방법 찾기

Q1. 어려운 사람이 내 경계를 위반한 경험이 있나요? 어떤 경험이며, 이 경계에서 당신이 충족하려는 욕구는 무엇이었나요?

Q2. 그 경계를 실행하기 위해 당신이 직접 통제할 수 있는 선택지는 무엇들이 있나요? 가능한 한 많이 떠올려보세요.

Tip4 불완전한 해결책 수용하기

이상적인 세상이라면 사람들은 각자의 경계를 수용하고 욕구와 감정을 이해하겠지만, 이는 우리가 어려운 사람들을 대할 때 흔히 품게 되는 환상과도 같습니다. 그들은 우리가 통제할 수 있는 것에 집중하려 해도 죄책감, 괴롭힘, 멸시 등으로 계속해서 경계를 파괴하려 합니다. 이 역시 불필요한 힘겨루기에 해당하죠. 이처럼 어려운 사람들은 변화나 타협을 거부하기에 우린 때로 그들과의 접촉을 제한하거나 끝내는 것처럼 힘겨운 선택을 해야 합니다. 하지만 분명 그러한 해결책은 가장 큰 이익을 가져옵니다.

이때도 어떻게 대응할지 준비하고, 조작으로 인식하고, 이름을 붙이는 등의 행동이 도움이 됩니다. '일라이는 죄책감을 수단으로 날 통제하려 하고 내가 술값을 내도록 조종하려 폭언을 일삼고 있다.' 이렇게 구체적으로 진술을 준비합니다. 물론 이러한 진술은 속으로만 해보거나 사생활이 보장되는 곳에만 적어둡니다.

어려운 사람이 한 행동을 보기 좋게 꾸미지 마세요. 그 행동에는 통제, 조작, 학대라는 이름을 붙여야 합니다. 이는 그들이 한 짓은 용납될 수 없고 나의 잘못이 아니며, 그렇기에 내가 바꿀 수 있는 게 아니라는 점을 명확히 해줍니다. 해로운 행동을 명확히 인식하는 건 이혼을 하거나 자녀의 조부모 방문을 허락하지 않는 것 같은 불완전한 해결책을 받아들이는 데 도움이 됩니다.

불완전한 해결책은 우리가 더 필요한 걸 얻기 위해 원했거나 익숙한 것을 포기하는 행동입니다. 예를 들어 마음을 의지할 동료가 직장에 아무리 많아도 나를 정신적으로 학대하는 고용주가 있다면, 나의 안전을 위하여 동료들을 떠나 직장을 그만두는 선택을 하는 것입니다. 물론 아무리 더 중요한 걸 얻기 위해 어쩔 수 없이 선택했다 하더라도 상실의 아픔은 큽니다. 그래서 즉시 해방감이 들거나 기분이 나아지지는 않을 거예요. 오히려 슬픔, 죄책감, 분노, 안도감과 같은 갈등의 감정을 느낄지 모릅니다. 따라서 불완전한 해결책을 받아들이기 위해서는 왜 이런 결정을 내렸는지 기억하고, 자기 감정을 받아들이며, 감정을 위한 건강한 배출구를 찾고, 스스로를 다정하게 대하는 행동을 충분히 해줘야 합니다.

불완전한 해결책과 씨름할 때 기억해야 할 것은 다음과 같습니다.

- 나에게 왜 이 경계가 중요한가.
- 나는 경계를 설정할 권리가 있다.
- 다른 사람이 호의적이지 않게 반응한다고 해서 내가 잘못한 게 아니다.
- 다른 사람들이 내 경계에 대해 어떻게 느끼는지, 어떻게 반응하는지에 관한 책임은 내게 없다.

경계 때문에 어려움을 겪거나 큰 변화가 발생할 때마다 충분히 잠을 자고, 운동을 하고, 도움을 주는 사람들과 시간을 보내거나 취미를 즐기며 자기 관리에 힘을 쏟길 권합니다. 덧붙여 치료사는 어려운 사람들을 다룰 때 큰 힘이 되는 지원자 역할을 수행합니다. 감정을 처리하고 선택지를 확인하며 불완전한 해결책을 받아들일 때, 그것이 너무 힘겹다면 치료사를 만나보기 바랍니다.

11챕터를 마무리하며

어려운 사람들은 경계 설정을 매우 어렵게 만듭니다. 적극적인 의사소통, 협상, 요청, 그리고 지금껏 배운 많은 다른 경계 설정법이 거의 효과를 보이지 않죠. 하지만 일단 어려운 사람을 상대하고 있다는 걸 인식하는 게 중요합니다. 그럼으로써 우리는 안전을 우선시하고, 불필요한 힘겨루기를 피하고, 통제할 수 있는 것에 집중하고, 불완전한 해결책을 받아들이는 등의 다른 접근법을 활용할 수 있습니다.

PART 4

죄책감 없이
내 권리를 주장하는
경계 설정 연습

―

"나는 내 경계만큼 타인의 경계도 지켜주고 싶습니다"

CHAPTER 12
다른 사람의 경계도 존중하고 싶어요

지금까지 욕구를 주장하고 다른 사람들과 경계 설정하는 것에 관해 이야기했습니다. 이제는 설정된 경계를 존중하고 이해하는 실질적인 연습에 들어가볼게요. 타인의 경계를 존중해야 하는 이유를 바탕으로 타인의 경계를 침범했을 때 할 일도 알아보겠습니다.

경계는
양방향이다

앞서 언급했듯 경계는 건강한 관계의 기초입니다. 이 점은 다른 사람들에게만 적용되는 게 아닙니다. 경계는 양방향이기 때문에 내가 남의 경계를 존중하지 않는다면 남도 내 경계를 존중해주지 않습니다.

물론 말하기는 쉬워도 실천하기는 어렵습니다. 우리는 항상 다른 사람들의 경계를 좋아하지 않거든요. 거절당하거나 타협해야 하는 것도 좋아하지 않습니다.

하지만 다른 사람의 경계를 존중하지 않는다면 관계는 나빠집니다. 자주 좌절하거나 짜증이 나고 더 많은 논쟁을 하게 되며 궁극적으로 내 곁에 아무도 남지 않게 됩니다.

다른 사람의 경계를 존중한다는 건 내가 그의 자기 결정권, 즉 자신에게 옳은 일을 할 권리를 받아들인다는 뜻입니다. 내가 다른 사람의 권리를 인정하면 타인도 나를 존중받을 만한 사람이나 비판적이지 않은 사람으로 여기게 됩니다. 그러면 나에게 더 솔직해질 것이고 이는 신뢰와 정서적 안전성으로 이어집니다.

우리는 모두 종종
타인의 경계를 위반한다

우리는 모두 가끔 다른 사람들의 경계를 위반합니다. 지하철에서 옆자리 사람과 가까움에도 가방을 뒤적이며 팔꿈치로 치거나 실수로 연인의 우편물을 열어보는 등의 우연하고 사소한 위반도 이에 해당합니다.

때로 더 큰 경계를 위반하기도 합니다. 상대에게 해를 끼치거나 통제하거나 아니면 다른 사람을 벌주려는 욕구로 행해지는 위반이 그렇죠. 이 챕터에서 중점적으로 다룰 경계 위반은 바로 그런 것으로, 구체적 사례는 다음과 같습니다.

- 상대의 감정이나 의견을 무효화한다. "그냥 넘어가자. 별일 아니잖아."
- 상대를 통제하기 위해 죄책감이나 수동적 공격 행동을 한다. "돈이 없어서 샴푸 한번 썼는데 많이 거슬렸다면 미안해."

- 과도하게 친밀한 척 행동한다. "며느리도 자식인데 같이 목욕하면 얼마나 좋니?"
- 신뢰를 깨뜨린다. "걔가 비밀이라고 했는데, 너만 알려줄게…."
- 원치 않는 충고를 한다. "야, 네 애인 나중에 분명 바람피울 거야. 헤어져."
- 하기 싫은 일을 하도록 강요한다. "다이어트는 무슨 다이어트? 그냥 먹어!"
- 공격적이거나 상처를 주는 식의 행동을 한다. "내 말대로 안 하면 집에서 못 나가. 문 안 열어줄 거야!"

이 중 내가 한 적 있는 행동이 있나요? 가끔은 본인이 도 넘는 행동을 했다고 느껴도 그게 상대에게 얼마나 큰 피해를 입히는지까지는 모를 수도 있습니다. 자기 행동을 정직하게 바라보길 권합니다. 행동과 상황의 인식은 변화를 위한 첫 단계이기 때문입니다. 물론 지나치게 자신을 가혹하게 판단하는 건 성장이 아닌 수치심으로 이어져 생산적이지 않습니다. 사람들은 대부분 타인의 경계를 존중하는 데 어려움을 겪습니다. 그러니까 타인의 경계를 침범한다 해도 그건 나쁜 의도가 있어서가 아니라 상대를 존중할 때 필요한 인식과 기술을 갖추지 못했기 때문입니다.

타인의 경계를
침범한 경험
떠올리기

Q1. 상대의 경계를 무시했던 한두 가지 일화를 간략하게 써보세요.

Q2. 상대의 경계를 존중하지 않았던 게 관계에 부정적인 영향을 미쳤나요?

상대의 거절이
고통스러울 때

상대에게 거절당할 때 어떤 기분이 드나요? 아마 화가 나겠죠. 원하는 걸 얻지 못하니 좌절감도 들고요. 아니면 자신이 뭔가 잘못했거나 너무 많은 걸 요구해 혼나는 건가 싶어 부끄러울 수도 있습니다. 예전 기억이나 거절당하고 버림받았을 때 느낀 두려움의 감정이 되살아나서 '안 된다'라는 말을 유독 듣기 힘들어하는 사람들도 있고요. 나이, 성숙한 인격의 여부와 상관없이 '안 돼'라는 말을 듣는 건 의외로 힘든 감정을 많이 불러일으킵니다.

다른 사람의 경계에 느끼는 감정은 누가 경계를 설정했고 경계가 무엇이며 어떤 방법으로 설정했느냐에 따라 다릅니다. 예를 들어 아버지가 인사도 없이 전화를 뚝 끊었을 땐 매우 고통스럽다가도 친구가 바쁘다며 전화를 끊을 때는 그다지 크게 신경 쓰지 않는 경우가 있습니다. 무엇이 다를까요? 친구는 예의 바른 말투를 사용하고 통화할 여유가 생기면 다시 전화를 걸어오는 반면, 아버지는 거절한 전력이 있고 거절하는 방식이 가혹했을 수 있습니다. 만일 실제로 이런 일을 겪어본 사람이라면 왜 특정 경계가 다른 경계보다 더 고통스러운지 이해하기 쉬울 거예요.

무의식적으로 다른 사람에게 거절당하거나 상처받아 생기는 고통과 분노를 또 다른 사람과의 관계로 옮기는 일도 종종 일어납니다. 예를 들어 예의 바르고 다정하며 나를 한 번도 거절한 적이 없는 친구의 경계로 상처를 받았다면, 이는 무의식적으로 다른 사람의 유사한 경계로 고통을 느꼈던 때를 겹쳐 보았기 때문일 수도 있습니다.

상대의 경계가 매우 고통스럽게 느껴진다면 그가 내 권리를 침해하고 있지 않더라도 자기 반응이 어떻게 나타나는지 관찰하세요. 그 경험을 통해 과거의 무언가가 떠오르나요? 전에도 누군가 제한선을 정했을 때 이런 기분을 느껴본 적이 있나요? 관련 연결 고리를 찾아내기 위해 지나온 어린 시절을 되돌아봐도 좋습니다.

여러분이 느끼는 격렬한 감정이 정확히 어디에서 오는지 알 수 없어도 괜찮습니다. 이 감정이 정상이라는 것과 과거에 고통스러웠던 상황을 알려주는 몸의 신호라는 것을 안다면 결과적으로 도움이 될 수 있습니다. 지금 상황이 과거와 어떻게 다른지 알아차리고 상대가 설정한 경계가 내게 위협이 되지 않는다는 믿음을 가질 수 있으니까요. 타인을 위협으로 인식하지 않을 때 그들의 경계를 존중하는 일이 훨씬 더 수월해집니다.

타인에게 받은
경계 상처
떠올리기

Q1. 누군가 내가 좋아하지 않거나 내게 안 된다고 말하는 경계를 정할 때 어떤 기분이 드나요?

Q2. 그런 상황에서 나는 보통 어떻게 행동하나요?

Q3. 내게 유독 고통스러웠던 타인의 경계가 있나요? 그 경계에 관한 내 반응은 타당했던 것 같나요? 만약 그렇지 않다면 그 경계는 과거 경험과 연결되어 있나요?

타인의 경계를
존중하는 법

경계 존중이 다른 사람들의 결정이나 의견에 반드시 동의한다는 뜻은 아닙니다. 타인에게도 의견을 결정하고 자신의 의견을 가질 권리가 있다는 것을 인정한다는 의미죠. 또 경계를 존중하는 건 상대가 요청하거나 요구하는 모든 걸 따르겠다는 뜻도 아닙니다. 거절해야 할 땐 정중히 거절해 나 자신의 경계를 정할 수 있습니다. 타인의 경계를 존중한다는 것은 학대를 참거나 수동적인 태도를 보여야 한다는 뜻도 아닙니다. 경계 존중의 목표는 남을 존중하며 동시에 나도 존중하는 것입니다.

이제 다른 사람의 경계를 존중하기 위한 몇 가지 팁을 살펴보도록 할게요.

Tip1 추측하지 말고 질문하기

상대 욕구나 관점을 이해하지 못할 때 경계를 넘어설 가능성이 큽니다. 따라서 더 많은 정보를 알아두는 게 경계 위반을 막는 데 효과적이죠. 다른 사람이나 상황을 이해하기에 충분한 정보를 가지고 있지 않을 때 우리 뇌는 무슨 일이 일어나고 있는지 이해하기 위해 자연스레 잃어버린 조각을 채워 넣습니다. 그 결과 다른 사람의 욕구와 동기에 관해서 가정을 하게 되죠. 나의 경험, 신념, 감정에 근거해 추측한 가정은 상대의 말투나 표정, 행동을 잘못 해석하게 합니다. 특히 서두르거나 스트레스를 받거나 이전에 누군가와 갈등을 겪었거나 매우 다른 삶을 경험했을 때 그 경향이 더 두드러지죠.

1년 동안 교제한 커플, 제인과 칼은 요즘 자주 말다툼을 하고 있습니다. 어느 날은 감정이 너무 격해져 지나가던 사람들이 다 쳐다볼 정도로 길거리에서 다투게 되었죠. 잠시 마음을 가다듬은 칼이 말했습니다.

"우리 시간을 좀 갖자."

하지만 제인은 칼이 무슨 뜻으로 그렇게 말했는지 확신하지 못했습니다. 그래서 이틀 뒤 칼에게 전화했고, 이에 칼은 제인이 시간을 갖자던 자신의 말을 존중하지 않은 것에 화가 났습니다.

경계와 기대가 분명하지 않으면 이처럼 상황이 더욱 나빠집니다. 따라서 명확한 질문을 통해 필요한 정보를 얻어야 합니다. 제인은 칼이 시간을 갖자고 했을 때 다음과 같이 말했어야 했습니다.

"시간이 얼마나 필요할 것 같아?"

"SNS나 문자로 연락하는 건 괜찮을까?"

"잘 이해가 안 돼. 뭘 원하는 건지 자세히 설명해줘."

"네가 말한 시간이 하루 이틀 정도라고 생각되는데, 맞아?"

"네 생각을 존중해. 너에게 시간을 주고 싶어. 어떻게 하는 게 가장 좋을까?"

"네 말을 들어주고 싶어. 다만 내가 얼마나 시간을 줘야 하고, 그동안 어떻게 행동하길 바라는지 구체적으로 알려줬으면 좋겠어."

명확한 질문을 하는 게 항상 쉽지만은 않습니다. 어떤 사람들은 정보를 더 달라고 요청하면 그걸 모욕적으로 받아들이기도 하고 방어적으로 행동하기도 합니다. 다정한 말투를 사용하고 상대의 경계를 이해하며 진정한 관심을 표현하려 해보세요. 내가 어떤 감정이 느껴져서 혹은 어떤 욕구가 있어서 질문하는 건지도(혼란스러운 기분이 들어서 또는 이해하고 싶어서 등) 전해야 합니다.

질문을 할수록 자신의 마음이 가라앉음을 느끼고 상대를 괴롭히고 있다는 느낌도 지울 수 있습니다. 그러나 상대가 답하길 거부한다면 우리도 독심술사는 아니기 때문에 그들의 경계를 존중하기 어려워집니다. 이럴 때는 가진 정보 안에서 최대한 경계를 존중하세요.

Tip2 주의 깊게 듣기

경계를 논의할 때 좋은 청취자가 되어야 합니다. 무슨 말이 어떻게 오가고 있는지 주의를 기울여야 하죠. 상대에게 모든 관심을 기울이도록 하세요. 그게 상대를 존중하는 자세입니다. 휴대폰을 들여다보거나 다음에 무엇을 말할지 생각하느라 상대가 뭐라고 하는지 흘려듣다간 메시지의 일부를 놓치게 됩니다. 상대가 말을 다 끝낸 다음 대답하는 것이 좋아요.

Tip3 배려하고 사려 깊은 자세 취하기

상대의 경계를 존중하기 위해 할 수 있는 가장 중요한 일은 바로 상대가 필요한 것에 관심이 있다는 뜻을 전달하는 겁니다. 이를 위해 사용할 수 있는 몇 가지 문장의 예를 들어볼게요.

"난 너를 늘 신경 쓰고 있어."
"나는 도를 지나치고 싶진 않아."
"난 네가 필요한 게 뭔지 알고 싶어."
"우리가 타협할 수 있는지 한번 보자."
"난 네 의견에 찬성하지는 않지만 존중해."
"우리 여기에 관해 더 이야기할 수 있을까?"
"친구가 되기 위해 모든 것에 동의할 필요는 없어."
"항상 네가 원하는 걸 해줄 수는 없지만 그래도 난 널 많이 신경 쓰고 있어."

다정한 표정과 부드러운 말투, 여유 있는 태도, 정중함 등으로도 상대에 대한 세심함과 배려를 드러낼 수 있습니다.

Tip4 '아니오' 받아들이기

때로는 이유를 묻거나 상대 마음을 바꾸려 하지 않고 그냥 거절을 받아들이는 게 상대를 존중하는 반응이 되기도 합니다. 나의 의도가 상대에게 도움이 되거나 편의를 제공하려는 것일지라도 그 사람에게 거절하는 이유에 대해 설명하라고 강요하는 건 상대를 곤혹스럽게 만들 뿐입니다. 특히 직장 동료나 지인들처럼 많이 친하지 않은 사람들에게 거절당할 때 취하면 좋은 자세죠.

Tip5 개인적으로 받아들이지 않기

타인의 경계를 개인적으로 받아들이면 그 경계를 인신공격이나 관계의 단절, 혹은 벌주려는 방식으로 인식하게 됩니다. 기분이 좋을 리 있을까요? 그럴 리 없죠. 그리고 다른 사람의 경계를 개인적인 것으로 생각하다 보면 일단 그 경계에 저항하면서 불필요하다고 상대를 설득하게 됩니다. 이는 무례한 행동이며 결과적으로 원하는 관계를 형성해주지 않습니다.

경계를 과도하게 개인화하진 않는지 잘 알아차려야 합니다. 지나친 개인화는 왜곡된 생각과 자신에 대한 부정적인 믿음 때문에 생겨납니다. 타인의 경계는 타인이 자기 감정과 책임을 구분하기 위해 설정하는 것이고 나를 벌주려거나 비난하려는 게 아님을 인식하세요.

경계 개인화 극복하기

Q1. 개인적으로 받아들이고 있는 경계를 파악하세요.

예) 샘은 함께 소파에 누우면 내가 자기 몸에 발을 올려놓지 않기 바란다고 했다.

Q2. 이 경계에 관해 어떻게 생각하나요?

예) 나와 닿기도 싫은 건가 상처를 받았고 샘이 나를 귀찮아하나 걱정도 된다.

Q3. 이 경계를 받아들이기 어렵게 만드는 구체적인 생각이나 믿음을 파악하세요.

예) 샘은 나와 친밀해지는 걸 좋아하지 않는 것 같다.

Q4. 3챕터 57~58쪽에 있는 인지 왜곡 리스트를 참고하여 이것이 왜곡된 생각인지 아닌지 판단해보세요.

예) 지나친 일반화, 독심술의 인지 왜곡

Q5. 이 생각을 뒷받침하거나 혹은 반박하는 증거를 찾아보세요.

예) 샘은 그냥 발 올리는 행동을 싫어하는 것일 수도 있다. 우리는 자주 껴안고 키스를 하는데 그때 샘은 이를 거부한 적이 없다.

내가 선을 넘었을 때
반드시 해야 할 일

방금 이야기한 팁들을 활용해 타인의 경계를 자주 위반하지 않길 바랍니다. 하지만 우린 모두 인간이기에 때때로 실수를 합니다. 그래서 다른 사람들의 경계를 위반할 때 사과의 뜻을 전하고 자기 행동을 바꾸는 게 중요하죠.

사과하기

상대가 만족할 만큼 좋은 사과를 하는 건 생각보다 어렵습니다. 미국 오하이오주립대 경영학과의 로이 르위키Roy J. Lewicki 교수는 다음과 같이 효과적인 사과의 여섯 가지 요소를 알아냈습니다.

1. 책임 인정

2. 피해 복구 선언

3. 후회의 표현

4. 잘못된 부분에 관한 설명

5. 뉘우쳤다는 선언

6. 용서의 호소

중대한 경계 위반을 했다면 사과할 때 이 구성 요소가 모두 담겨야 합니다. 그리고 이 요소 중에서도 책임과 잘못을 인정하는 것이 가장 중요합니다. 그다음에 피해 복구를 제안하고 상황을 바로잡기 위해 기꺼이 조치를 취해야 하죠. 다음은 책임을 지고 피해 복구를 제안하는 사과의 예입니다.

"아버지 장례식 전날 술을 마시고 장례식을 망쳐버린 걸 후회해요. 전부 제 잘못입니다. 가족들에게 준 상처를 책임지고 바로잡고 싶어요. 전 이제 다시는 술을 마시지 않을 거예요. 또 정기적으로 알코올 치료 모임에 나가겠습니다. 망가진 장례식장을 복구하기 위해 제가 할 일은 다 하겠습니다."

이번엔 책임을 지지 않고 피해를 복구하지 않는 부적절한 사과의 예도 한번 살펴보죠.

"아버지 장례식 전날 술 좀 몇 잔 마셨어요. 크게 문제되지 않을 줄 알았어요. 화났다면 미안해요."

보다시피 진심 어린 사과에는 '미안해' 이상의 것이 포함되어야 합니다. 그러나 대부분 사람은 진심 어린 사과를 하는 것에 익숙하지 않죠. 두 번째 예처럼 피해자를 비난하거나 그들이 느낀 감정을 아무것도 아닌 것처럼 만들어버리기 일쑤입니다. 연습을 거치면 피해자를 위로하는 진심 어린 사과를 할 수 있습니다.

행동 바꾸기

앞서 살펴본 르위키 교수와 동료들의 연구도 가능하면 일으킨 피해를 복구하고 앞으로 더 잘할 수 있도록 학습해야 한다는 점을 말해줍니다. 계속해서 다른 사람의 경계를 무시한다면 사과는 큰 의미가 없습니다. 진실한 사과도 의미가 바랠 뿐이죠. 행동을 바꿔야 합니다.

내가 어떻게 변할 건지 그 행동에 관해 생각하세요. 앞선 알코올 중독자의 경우라면 판단력을 흐리는 술을 마시지 않고, 중독 치료를 받으며, 약을 복용하는 등 행동을 바꾸면 됩니다. 여러분도 기분이나 자제력, 효과적으로 의사소통하는 능력, 차분한 태도, 현재에 집중하는 능력에 영향을 미치는 모든 요소를 고려해보세요.

바꿔야 할 게 뭔지 파악해야 제대로 시작할 수 있습니다. 의욕이 넘친다고 해서 행동 변화가 단숨에 이뤄지지는 않습니다. 그래서 내가 변화하고 있다는 걸 다른 사람들에게 알리는 것이 도움이 될 수 있습니다. 예를 들어 아내의 개인적인 시간을 끊임없이 위반해온 남편이라면 "나는 이제 당신의 시간 경계를 이해하고 존중할 거야. 당신의 개인적인 시간 관리를 존중하도록 모든 관심을 기울일게." 하고 말할 수 있죠.

**존중을 위한
변화 만들기**

Q. 다른 사람의 경계를 존중하는 능력을 향상하기 위해 어떤 변화가 필요할까요? 가능한 한 구체적으로 말해보세요.

예) 말을 더 잘 들어주기 위해 대화할 때 휴대폰 치우기

12챕터를 마무리하며

상대의 경계를 무시했다는 사실을 인정하려면 용기가 필요합니다. 하지만 성숙하고 만족스러운 관계를 만들고 유지하기 위해서는 실수를 인정하는 것뿐 아니라 저지른 행동을 사과하며 이를 바꿀 수 있어야 합니다. 어떤 식으로 타인의 경계를 위반하는지 알고, 이 일로 힘들어하는 사람이 자신만이 아니라는 것도 이해하고, 이런 상황을 피할 또 다른 기술을 익히기 바랍니다.

CHAPTER 13
나 자신과도 경계가 필요한가요?

대부분의 사람은 소비 습관이나 음주, SNS 사용과 같은 일부 행동을 관리하는 데 어려움을 겪습니다. 지금까지 우리는 이 책을 통해 다른 사람에게 안 된다고 거절하는 게 얼마나 어려운 일이고 자기 자신에게 안 된다고 거절하는 것 또한 똑같이 힘들 수 있다는 점을 살펴봤습니다. 이번 챕터에서는 자신과 경계를 설정해 삶을 개선하는 방법과 스스로에게 동기를 부여하고 존중하는 방식으로 이를 실천하는 방법에 관해 알아보겠습니다.

경계는
자기 관리를 위한
필수 도구다

밤마다 TV 앞에서 아이스크림을 잔뜩 먹어 치우거나 외로울 때마다 전에 사귄 연인에게 전화를 걸어보신 적, 혹시 있나요? 이런 게으르고도 해로우며 충동적인 일을 저지르고 난 뒤엔 엄청난 후회가 밀려옵니다.

신체적·정신적으로 건강하게 지내고 목표를 이루며 가치관에 따라 살기 위해서는 자기 자신에게도 제한선을 정해야 합니다. 경계는 우리가 선택한 게 무엇인지 알려주는 규칙이자 지침입니다. 그래서 유혹에 저항하고 건강한 습관을 기르며 목표와 가치를 위한 결정을 더 쉽게 내릴 수 있도록 해주죠.

테사는 오전 7시 36분이 되면 알람을 끄고 침대에서 일어납니다. 7시 36분이라는 애매한 숫자는 사실, 최초 7시로 맞춘 알람을 울리면 끄고 울리면 끄고 하느라 나온 것입니다. 원래 7시에 일어나 운동을 가려 했던 테사는 결국 늦어버린 탓에 운동을 포기했습니다. 어차피 운동도 안 가겠다 여유로워진 테사는 느긋하게 씻고 옷장을 뒤지며 입을 옷을 골랐습니다. 그런데 입을 만한 옷이 보이지 않았습니다. 하는 수 없이 세탁물 바구니를 뒤져 그저께 벗어둔 바지를 찾아냈죠. 이틀이나 바구니 속에 있던 바지는 잔뜩 구겨져 있었지만, 어느새 늦장을 부리느라 시간이 없어져 그냥 입어야 했습니다. 테사는 아침을 거르고 집을 나섰습니다. 위가 아팠지만 밥 먹을 시간은 없어 회사 근처 카페에 들러 라떼와 머핀을 샀습니다. 외식 비용과 설탕을 줄이자던 계획을 지키지 못하면서 말이죠.

테사는 자기 관리에 관한 경계에서 실패를 거듭하고 있습니다. 만약 테사가 스스로 제한선을 정하고 그 목표들을 고수할 수 있다면 제시간에 일어나 운동을 하고, 빨랫감을 밀리지 않고, 생활비 예산에 맞춰 지출하고, 건강하게 식사하기가 더 쉬울 거예요. 그렇게 할 수 있다면 신체적으로나 정신적으로나 상태도 좋아지겠죠. 더 많은 에너지를 느끼며 스트레스도 덜 받는 데다가 성취감까지 높을 겁니다.

자기 자신과 경계를 설정하면 일상생활을 규칙적으로 계획할 수 있고 예측 가능성이 생겨 삶이 원활하게 돌아갑니다. 건강하고 생산적으로 살며 자기 선택에 만족을 느낄 수 있죠.

물론 자기 행동을 관리하고 스스로 제한선을 정하는 건 쉬운 일도 아니고 재미가 있는 것도 아닙니다. 하지만 테사의 예를 살펴보고 우리 삶에 관해 천천히 생각해보면 왜 나와의 경계를 설정해야 하는지 알 수 있습니다.

평생 배우고
연습해야 하는
자기 훈련

　　　　　　자신과 경계를 어떻게 설정할지 고민하기 전에 자기 관리가 부족하다고 스스로를 평가 내리지는 마세요. 누구나 어느 정도는 자기 관리에 어려움을 겪습니다. 태어날 때부터 자기 훈련 Self-discipline이 가능한 사람은 없습니다. 평생 배우고 연습해야 해요.

　부모님이나 어릴 적 돌봐준 사람들은 우리에게 첫 번째 의미를 지닌 사람이자 가장 영향력 있는 스승들이었습니다. 그래서 만약 부모가 자녀를 위한 시스템과 경계를 만들지 않았거나 만들었더라도 그리 일관적이지 않다면, 아마도 그 아이는 건강한 습관과 일상적인 규칙을 만들고 스스로 제한선을 정하는 법을 모를 거예요. 부모가 엄격하고 경직된 규칙과 기대를 가지고 있었다고 해도 마찬가지입니다. 그런 부모의 통제에 관한 욕구는 자녀가 자기 관리를 연습하고 시행착오를 통해 하나씩 배워나가는 과정을 허락하지 않기 때문이죠.

여러분의 부모님은 건강한 습관을 지니고 매사 절제하며 합리적이고 일관된 루틴을 따라 생활했나요? 아니면 과음하고 온종일 자고 고지서 요금을 제때 지불하지 않았나요?

어린 시절 자기 관리하는 법을 배우지 않은 사람들은 흔히 자신을 너무 관대하게 대하거나 반대로 지나치게 가혹하고 비판적으로 대합니다. '아이스크림을 한 통 더 먹는다고 무슨 일이 벌어지겠어?' 하는 사람이 있는 반면 '난 너무 살쪘어. 다신 절대 아이스크림을 먹지 않을 거야' 하는 사람이 있는 겁니다. 우리의 목표는 타협점, 즉 자신에게 연민의 감정과 함께 책임감을 갖게 하고 자기 관리를 개선할 능력을 찾는 겁니다. 다만, 완벽하게 해낼 수 있으리라 기대는 하지 말아야 해요. 그건 불가능하니까요.

나 자신과 경계를 설정하는 3단계

자신과의 경계 설정법에는 세 가지 단계가 있습니다. 1단계는 더 나은 자기 관리가 필요한 영역을 파악하고, 2단계는 행동을 바꾸기 위한 목표를 만들고, 3단계는 실수했을 때 자신을 다정하게 대하는 겁니다.

1단계: 자기 관리가 더욱 필요한 영역 파악하기

사람마다 잘 관리하지 못하는 삶의 영역이 있습니다. 누군가는 자신에게 더 많은 시스템과 제한선이 필요한 특정 분야가 뭔지 이미 알고 있겠지만 어떤 사람들은 잘 모르고 있습니다. 보통 어려움을 겪는 자기 관리 리스트를 다음을 통해 파악해보도록 하죠.

- 재정 관리: 과소비, 연체, 부채, 특정 목표(은퇴, 휴가, 교육)를 위해 저축하지 않는 것, 세금 미신고 등
- 시간 관리: 처리할 수 있는 수준을 넘은 계획, 지각, 활동의 우선순위를 매기지 않는 것, 미루거나 일을 끝내지 않는 것, 과다 업무, 수면 불균형 등
- 건강 관리: 과식, 흡연, 과도한 알코올 또는 약물 복용, 운동 부족, 만성 건강 관련 문제, 처방 약물 복용 부족, 수면 부족, 안전하지 않은 성관계, 안전벨트 미착용 등
- 관계 관리: 타인 학대, 신체적·정신적 고통을 주는 사람과의 관계 지속 등
- 생각과 감정 관리: 문제에 관해 지나치게 생각하는 것, 자기비판적 감정, 치료되지 않은 우울증, 불안, 정신 건강 관련 고민 등
- 환경 관리: 청소나 빨래를 하지 않는 것, 집안 정리정돈을 하지 않는 것, 어수선한 것, 정리가 잘 안 되어 있는 것 등

**자기 관리 영역
식별하기**

Q1. 가장 자주 문제가 발생하는 삶의 영역은 어디인가요? 그 영역에서 당신은 어떤 문제 행동을 일으켰나요?

Q2. 아래 표를 사용해 문제가 되는 행동을 찾고 그 부정적인 영향을 적어보세요. 각 행동의 시급한 정도도 평가해봅니다.

특정 행동	부정적인 영향	시급한 정도 (1-10)
예) 늦게까지 잠을 자지 않는다	피곤함을 느낀다, 짜증이 난다, 일어나기 힘들어진다, 직장에 늦는다	8

2단계: 행동을 바꾸기 위한 목표 설정

자기 관리 때문에 애를 먹는 건 의지력이 부족하거나 능력이 없어서가 아닙니다. 변화를 '생각'했지만 구체적이고 현실적인 '계획'을 세우지 못하고 결정한 일을 그대로 '실행'하지 못한 것이 문제입니다.

SMART 목표는 간단하고 대중적으로 널리 알려진 목표 설정을 위한 개념입니다. SMART는 구체화^{Specific}, 측정 가능^{Measurable}, 달성 가능^{Achievable}, 관련성^{Relevant}, 시간 제한$^{Time\text{-}bound}$의 앞머리 글자를 딴 것입니다. 자기 관리에 적용할 방법은 다음과 같습니다.

구체화: 구체적으로 이루고 싶은 것은?

'나는 건강한 식사를 할 것이다.' 이 목표는 패스트푸드 먹지 않기, 설탕 덜 먹기, 채소 많이 먹기, 아침 식사로 단백질 셰이크 마시기 등 다양한 의미를 지닐 수 있습니다. 모두 건강한 식사이긴 하지만 너무 광범위하죠. 이를 비특정적인 목표라고 합니다.

반면 '채소 먹기'같이 특정한 행동에 집중하겠다고 구체적으로 명시하면 더 잘 해낼 수 있습니다. 이를 구체화한 목표라고 합니다. 여기서 더 구체화한다면 '나는 매일 채소 다섯 접시를 먹을 것이다'와 같이 좁힐 수 있습니다.

측정 가능: 목표를 달성했을 때 어떻게 알 수 있는가?

결과를 측정하면 목표를 성취했는지 여부를 알 수 있습니다. 이렇게 측정이 가능할 때 구체적으로 목표를 설정하고 행동할 수 있죠.

'내 목표는 운동하는 것이다.' → '내 목표는 운동을 더 많이 하는 것이다.' → '내 목표는 일주일에 세 번 30분씩 운동하는 것이다.'

여기서 첫 번째 목표는 측정할 수 없고 두 번째 목표는 모호한 데 비해 마지막 목표는 명확하고 측정하기 쉽습니다. 무언가를 더 하거나 덜 하려고 애쓰는 대신 얼마나 더 또는 덜 할 것인지 해당 목표를 수치로 나타내보세요.

달성 가능: 목표는 현실적으로 달성할 수 있는 것인가?

목표는 소소해야 합니다. 그 말은 큰 목표를 잘게 나눠 작은 성공을 여러 번 하라는 것입니다. 만일 현재 채소를 전혀 먹지 않는다면 내일부터 당장 하루에 다섯 접시씩 채소를 먹으려 노력하는 건 아마 현실적이지 않을 겁니다. 대신 매일 한 접시의 채소를 먹는 걸 목표로 해보면 어떨까요. 일주일 동안 목표를 달성하고 나면 한 접시를 두 접시로 늘려보는 거죠.

그리고 원하는 목표가 통제 가능한 것인지도 잘 알아야 합니다. 예를 들어 공황 발작의 발생 빈도를 줄이고 싶어도 그 결과는 완전히 통제할 수 없어요. 그런 목표 대신 명상이나 운동, 매일 약을 복용하는 것과 같이 분명한 결과로 이어질 목표를 세워야 합니다.

관련성: 이 목표가 장기 목표 및 우선순위와 일치하는가?

우리는 중요하고 삶을 개선할 수 있는 목표에 시간과 에너지를 써야 합니다. 따라서 장기적으로 잡은 목표나 개인적인 가치관의 우선순위에 가장 관련성이 높은 목표를 선택해야 합니다.

시간 제한: 계획의 각 단계를 완수하기 위한 기한은 어떻게 되는가?

현실적으로 가능한 기한을 정해야 그대로 단계를 실행할 가능성이 더 큽니다. 그런 면에서 봤을 때 세세한 타임라인 설정은 유용하지만 만약 행동을 영구적으로 바꾸고 싶다면 종료 날짜나 마감일을 정하는 건 좋은 아이디어가 아닙니다. 완료 날짜는 일단 목표를 달성하고 나면 새로운 행동을 멈추는 걸 의미하죠. 예를 들어 언니 결혼식 전까지 매일 운동을 하겠다는 목표는 새롭게 세운 일상의 운동 계획이 결혼식의 종료와 함께 끝난다는 뜻입니다.

계속해서 목표 달성에 어려움을 느낀다면 앞 단계로 돌아가서 조정해 보세요. 개인적으로 세운 목표는 언제나 수정 가능하니까요. 일단 목표를 향해 노력하기 시작했는데 해당 목표가 현실적이지 않다는 걸 깨닫는다면 자신에게 더 많은 시간을 줄 필요가 있습니다. 목표를 조정하는 게 그만두거나 그냥 무작정 밀고 나가 더 많은 스트레스를 받는 것보다 낫습니다.

SMART 목표
만들기

Q1. 바꾸고 싶은 삶의 영역과 행동, 목표를 적어보세요.

예) 변경할 행동: 늦게까지 잠을 자지 않는 것
목표: 나는 매주, 지난주보다 15분씩 더 일찍 잠자리에 들 것이다. (이번 주에는 11시 45분, 다음 주에는 11시 30분, 그렇게 해서 밤 10시에 잠자리에 들 때까지 계속)

Q2. 다음 질문을 통해 SMART 목표의 모든 구성 요소를 포함했는지 확인해보세요.

- 목표가 구체적인가?
- 목표를 달성했는지 어떻게 알 수 있을까?
- 현실적으로 이룰 수 있는 목표인가?
- 나에게 중요한 일인가?
- 이 변화는 언제 이루어질 것인가?

3단계: 자신에게 다정하게 대하기

스스로 경계를 정하려면 많은 노력이 필요합니다. 특히 바라던 진전을 보지 못한다면 노력을 지속하기 어렵죠. 하지만 행동 변화가 모두 잘되기만 하는 건 아닙니다. 가끔 좌절하고 낙담하는 게 당연합니다. 이렇듯 상황이 어려울 때 자기 연민은 목표를 고수할 수 있도록 도와줍니다.

대부분 사람은 자신도 모르게 좌절이나 실수에 자기비판적인 태도로 대응합니다. 하지만 '나는 실패자다, 게으른 사람이다'라고 말하는 내면의 혹독한 비판은 내가 더 잘할 수 있게 동기를 부여하지 않습니다.

《나를 사랑하기로 했습니다》(2020, 이너북스)의 저자 크리스틴 네프 Kristin Neff와 크리스토퍼 거머 Christopher K. Germer는 자기비판이 두려움에 뿌리를 두고 있다고 설명합니다. 아버지처럼 알코올 중독자가 될지 모른다는 두려움, 식습관을 바꾸지 않으면 심장마비가 올 수 있다는 두려움, 또 실수를 하면 해고될지 모른다는 두려움 등이 그것이죠. 두려움은 일시적으로 동기를 부여할 수 있지만 지속적인 변화를 이끌지는 못합니다. 대신 우리를 부끄럽게 하거나 무능하게 느끼게 하고 낙담하게 만듭니다. 그렇게 되면 더 포기하기 쉬워지겠죠.

반면 자기 연민은 동기부여가 됩니다. 일부 연구에 따르면 자기 연민은 우리를 단기적인 즐거움이 아닌 장기적인 건강과 행복으로 향하게 한다고 해요. 또 자기 연민을 지닌 사람들이 운동이나 제대로 된 식사하기, 술 덜 마시기, 규칙적으로 의사를 방문하기 등 건전한 방향으로 행동한다는 사실도 밝혀졌습니다.

이제 자기 훈련이나 목표 도달에 도움이 되지 않는 자기비판을 자기 연민으로 바꾸는 연습을 해봅시다. 비판이 자신을 보호하거나 동기를 부여하려는 잘못된 시도라는 걸 인식하면 자기 연민으로 대체하기가 더 쉬워질 거예요.

자기 연민에는 세 가지 요소가 포함되어야 합니다. 첫째는 판단을 내리거나 비판하기보다는 자신에게 다정하게 대하는 것, 둘째는 모두가 어려워하는 상황이며 이런 실수를 한 사람이 나만이 아니라는 점을 인지하는 것, 셋째는 자기 기분을 알아차리고 해당 경험이 얼마나 고통스러운지 인정하는 것입니다.

자기 연민 연습하기

Q. 다음 도표에 원하는 대로 행동하지 않았을 때 나의 반응을 기록해보세요.

상황	내면의 비판적인 감정은 뭐라고 말하나요?	내면의 비판적인 감정은 어떤 방법으로 나를 보호하거나 동기를 부여하려 하나요? 또 어떤 두려움을 경고하려 하나요?	이 상황에서 다정하게, 또 내 목표를 지지하기 위해 스스로에게 뭐라고 말할 수 있나요?
예) 나는 술에 취해 모르는 사람과 시비가 붙었다.	난 그냥 바보다.	내면의 비판적인 감정은 내가 술을 많이 마시는 걸 원하지 않는다. 왜냐하면 나는 술을 마실 때 나쁜 결정을 하기 때문이다. 또 내가 계속해서 성숙한 인격이 될 수 없을까 봐 두려운 감정을 일깨워준다.	술에 취해 시비가 붙은 건 실수였지만 내가 왜 그랬는지 이해한다. 나는 자주 감정 조절을 힘들어하고 전문적인 도움을 받고 싶었다. 난 바보가 아니다. 하지만 이 패턴을 깨야 한다.

전문가의 도움이
필요한 경우

　　　　　　많은 사람이 자기 관리 목표에 관해 도움을 받을 때 더 나은 결과를 얻습니다. 다행히 요즘은 의사나 치료사의 전문적인 도움, 금연이나 체중 감량 프로그램, 애플리케이션을 기반으로 하는 습관 추적 도구들이 많아 도움을 얻을 곳도 많습니다. 친구에게 목표를 말하는 행동도 지원군을 얻거나 책임감을 느끼게 해주죠.

　　SMART 목표는 행동 변화를 만드는 데 도움을 줄 수 있지만 그 과정에서 종종 드러나는 더 깊고 충족되지 않은 욕구와 감정적인 상처를 해결하지는 못합니다. 예를 들어 알코올 중독과 씨름하는 사람은 술이 깼을 때 경험하는 고통스러운 감정과 기억을 어떻게 참아야 할지 몰라 술을 끊는 데 어려움을 겪습니다. 그건 전문 치료사의 의학적인 도움이 동반되어야만 해결할 수 있습니다.

　　많은 사람이 전문적인 도움을 받는 데 비용이나 시간이 많이 들고 난

처한 상황에 처할 거라고 생각합니다. 때론 희망이 없다고 체념하기도 하고요. 이런 걸림돌은 진짜일 수도 있고 아니면 그냥 가정일 수도 있습니다. 흔히 분노 조절 관련 교육에는 비용이 많이 들거나 유급휴가를 받지 못할 거라고 지레짐작하지만 확실한 건 알 수 없습니다. 그러니 그에 대해 알아보거나 의사와 상의하고 또 관련 정보를 얻을 수 있는 전화 상담을 해보고 의료 보험 회사 및 인사과와도 의논해보세요. 생각보다 더 많은 선택지가 존재할지 모릅니다.

또 도움을 받기 위해 희생해야 할 부분이 있을 수 있으니 도움을 받으며 얻을 수 있는 게 뭔지, 또 도움을 받지 않으면 어떤 일이 일어날지 생각해보세요.

13챕터를 마무리하며

경계는 중요한 자기 관리 도구입니다. 시스템과 건강한 습관, 그리고 삶을 원활하게 유지할 때 필요한 안정성을 만들어주죠. 13챕터에서는 SMART 목표를 활용해 보다 나은 자기 관리를 위한 노력을 정의하고 구조화하는 방법을 검토했습니다. 특히 정상적인 궤도에서 벗어나 좌절하고 있을 때 목표 도달을 위해 자기 연민의 감정을 생성하고 다른 사람의 도움을 받는 것에 대해서도 알아봤습니다. 한편 현대 기술의 활용은 대부분의 사람이 애를 먹는 또 다른 자기 관리의 영역입니다. 다음 챕터는 기술과 관련한 경계 설정에 집중해보도록 하죠.

CHAPTER 14 스마트폰과도
경계를 만들고 싶어요

비교적 짧은 시간 만에 현대 기술은 우리 삶의 거의 모든 것을 바꿔놓았습니다. 덕분에 편리해진 것도 많지만 안 좋은 것도 많아졌어요. 언제 어디서나 정보를 볼 수 있게 해준 휴대폰은 불안감을 유발하는 뉴스나 개인 시간을 방해하는 메신저로 느껴지기도 합니다. 그리고 문자메시지, 온라인 쇼핑, 온디맨드식 영화(On-demand movies, 사용자 요구에 따라 네트워크로 필요한 정보를 제공하는 방식으로 감상하는 영화)와 같은 것들은 편리하고 재미있지만 사용법을 모르면 생산성과 목표 달성, 인간관계를 방해할 수 있습니다.

기술이 계속 발전함에 따라 관계, 건강, 감정을 가로채지 않도록 기술과 경계 설정하는 법을 배우는 게 점점 더 중요해지고 있는 것입니다.

기술 사용에
경계가 필요하다는
신호

기술은 삶의 매우 큰 부분이기에 우리는 기술이 주는 이점을 당연하게 여깁니다. 질문에 대한 빠른 답변을 가능하게 하는 문자메시지, 중요한 약속을 상기시키는 캘린더 앱의 알림 기능, 친구나 가족과 끊임없이 연결해주는 SNS 등이 그렇죠. 하지만 알다시피 기술은 여러 문제를 일으킬 수 있습니다.

다른 많은 것과 마찬가지로 기술 역시 적당히 사용될 때 자산이 됩니다. 그러나 접근이 매우 쉽고 너무 매력적이어서 우리는 종종 기술을 남용합니다. 많은 사람이 드라마를 한 편만 더 보자면서 잠들지 않고, 필요하지 않은 걸 당일 배송해준다는 유혹에 넘어가 사고 맙니다.

왜 우리가 기술을 사용하는지, 그리고 그 기술을 사용해 의도한 목표를 달성하고 있는지를 잘 의식해야 합니다. 어떤 일을 하려고 휴대폰을 집어 들어도 금방 산만해져 결국 시간을 낭비하게 되는 경우가 많습니다. 아니면 친구들과의 연결 고리에서 행복을 얻고 싶어서 SNS 앱을 열었는데 초대받지 못한 파티장 사진이나 정치적으로 분열시키는 코멘트를 보고 실망감과 좌절, 때로는 불안감마저 느낄 때도 있습니다. 이럴 땐 절대 행복하지도 않고 편안해지지도 않죠.

다음은 기술 사용에 더 나은 경계가 필요하다는 몇 가지 신호입니다. 물론 각자 사정과 상황이 모두 달라 개개인이 다소 다른 효과를 경험할 수 있지만 다음의 경고 신호는 마음속에 잘 새겨둘 가치가 있습니다.

- 하루의 절반을 기술에 정신이 팔려 있다.
- 내 아이들이 나를 본받길 원하지 않는다.
- 내가 사랑하는 사람들이 내게 불평을 한다.
- 기술이 수면을 방해하거나 다른 건강 문제를 악화한다.
- 인터넷에 접속하거나 휴대폰을 확인할 수 없을 때 불안해진다.
- 종종 SNS, 인터넷, 휴대폰으로 시간을 보낸 뒤 기분이 나빠진다.
- 마감일을 못 맞추고 업무를 완성하지 못하며 책임을 다하지 않는다.

문제를 일으키는 게 시간의 양인지, 활동의 유형인지, 아니면 둘 다인지 알면 기술과 관련하여 필요한 경계를 파악하는 데 도움이 됩니다. 또한 온라인에서 충족하고자 하는 근본적인 욕구를 식별할 수 있다면 경계를 설정하고 욕구를 충족시킬 대안을 더 성공적으로 찾을 수 있습니다. 예를 들어 어머니를 위한 생일 선물을 사려고 온라인 쇼핑을 하는 것과 심심해서 온라인 쇼핑을 하는 것은 서로 다른 결말을 불러옵니다.

미국 심리학회의 정신 질환 진단 및 통계 매뉴얼Diagnostic and Statistical Manual of Mental Disorders에서는 기술 중독을 인정하지 않습니다. 하지만 많은 정신 건강 전문가는 우리가 인터넷, 비디오게임, 온라인 도박, 온라인 음란물에 중독될 수 있다고 말합니다. 이러한 중독을 알려주는 신호는 다음과 같습니다.

- 용인(온라인에서 점점 더 많은 시간을 소비함)
- 금단 증상(온라인에 접속할 수 없을 때 흥분, 불안, 우울함을 느낌)
- 강박적인 사용(사용을 중단하거나 줄이려는 노력의 실패, 부정적인 결과에도 불구하고 지속적으로 사용, 접속하지 않을 때도 온라인에서 일어나는 일에 관해 생각함)

나의 기술
사용 데이터
수집하기

Q1. 오늘 기술 사용에 쓴 시간은 총 얼마인가요?

Q2. 어떤 활동과 앱에 가장 많은 시간을 썼나요?

Q3. 내 기술 사용에 관해 어떻게 생각하나요? 특정 패턴이나 문제가 있는 영역을 발견했다면 그것들은 무엇인가요?

Q4. 문제가 된 기술 사용 활동은 근본적으로 욕구를 충족하려고 한 것이었나요?

기술과 경계
설정하는 법

이제 기술과 관련된 두 가지 주요 유형에 초점을 맞춰보겠습니다. 첫 번째는 기술 사용을 관리하기 위해 설정한 제한선으로 시간 제한, 콘텐츠 제한 및 위치 제한이 포함됩니다. 두 번째는 기술을 통해 언제, 어떻게 다른 사람들에게 연결될 수 있는지에 관한 제한선입니다. 여기에는 퇴근 후 이메일에 응답하는 시간이나 SNS에서 메시지를 보낼 대상이 포함됩니다.

자체적인 기술 사용 제한하기

나의 기술 사용 데이터를 추적하고, 기술 사용을 제한하는 지침을 만들어보세요. 사용하지 않을 기기나 앱, 웹사이트를 정하고 휴대폰을 아예 손에서 놓을 시간을 정합니다. 휴대용 전자기기는 학교에는 가져가지만 도서관에는 가져가지 않겠다고 정해도 좋아요. 이렇게 구체적으로 하루의 기술 사용 시간 제한, 장소 제한 등을 정합니다.

이러한 제한선들을 만들어본 사람들은 기술이 없는 시간과 공간이 매우 좋다는 걸 깨달았다고 말합니다. 식사 시간이나 잠자리에서 기술을 제거하자 산만함과 스트레스가 사라져 더욱 편하게 쉴 수 있게 되었다고 했죠.

미국 작가 그레천 루빈Gretchen Rubin은 나쁜 습관을 고치기 위해 불편함의 전략을 사용하라고 합니다. 하기 어려운 일일수록 그 일을 할 가능성이 작아진다는 생각에서 비롯된 전략이죠. 그러니 기술 활동을 줄이려면 그 활동을 하는 걸 더 어렵게 만드세요. 다음은 문제가 되는 기술 사용에 해당 전략을 적용하는 몇 가지 방법입니다.

- 과도하게 사용하는 웹사이트를 차단한다.
- 모든 스트리밍 서비스에 가입하지 않는다.
- 더 적은 용량의 데이터 요금제를 사용한다.
- 리모컨에서 배터리를 분리해 다른 방에 보관한다.
- 휴대폰을 확인하지 않기 위해 자기 전에는 다른 방에 둔다.
- 할 일을 다 마치면 웹사이트에서 로그아웃하고 사용자 이름과 암호를 저장하지 않는다.
- 시간 낭비가 심하거나 문제를 일으키는 앱을 삭제하거나 눈에 잘 들어오지 않는 폴더에 숨긴다.
- 원클릭 간편 결제 기능을 설정하지 않거나 해제하고 신용카드 번호를 컴퓨터나 쇼핑 웹사이트에 저장하지 않는다.

일부 아이디어는 좀 하찮아 보일 수도 있습니다. 그런데 잘 생각해보면 꽤 불편하고 성가신 일입니다. 한 번이라도 귀찮아져 하지 않게 된다면 그것만으로도 성공이죠.

이렇게 제한들을 정하고 나면 아마 뭔가 빈 시간이 느껴질 거예요. 그간 기술들로 가득 차 있던 시간이죠. 그 시간에 다른 무언가를 합니다. 이왕이면 내가 충족하고 싶은 욕구를 파악하고 그걸 충족할 수 있는 행동이면 좋습니다.

온라인상에서도
경계가 필요한 이유

기술은 언제든 누구와도 연결되게 해줄 뿐 아니라 아예 그게 당연하게 만들었습니다. 하지만 그렇다고 해서 24시간 내내 온라인에 접속해야 하는 건 아닙니다. 친구들이 밤늦게 문자메시지를 보내도 받아주고 상사가 주말에 전화해도 받아주고 SNS를 통해 별로 좋게 끝나지 않은 전 연인의 메시지를 받고도 묵인하는 건 좋지 않죠. 이런 상황에서는 신체적·정신적 건강, 사생활, 시간 및 관계를 보호하기 위한 경계가 필요합니다.

경계는 개인의 권리에 기초합니다. 그럼 기술과 관련된 권리를 검토해보죠. 우리는 다음 작업을 수행할 권리가 있습니다.

- 전화를 끊는다.
- 그룹 메시지를 남긴다.

- 휴대폰의 전원을 끈다.
- 다른 사람의 연락을 차단한다.
- 통화 시간 제한 기능을 설정한다.
- 암호와 계정을 비공개로 유지한다.
- 전화, 이메일, 문자메시지에 응답하지 않는다.
- 연락과 관련해 내 의사를 다른 사람에게 존중받는다.
- SNS에서 특정 사람들을 팔로우하지 않거나 친밀하게 지내지 않는다.
- 반복적으로 경계를 위반하거나 위협하거나 상처 주는 사람들에게 정당화하지 않고 위의 행동 중 하나를 실행에 옮긴다.

전문적이거나 친밀한 대인관계에서 경계를 설정해야 할 경우, 특히 이전 행동과 달라지는 부분이 있다면 자기 경계를 소통해 다른 사람들이 나에게 무엇을 기대할 수 있을지 알려줄 수 있습니다.

예를 들어 동료들에게 이렇게 말할 수 있겠죠. "나는 오후 7시에 마지막으로 메시지를 확인할 거예요. 그 뒤에 도착하는 메시지는 모두 아침에 응답하겠습니다." 또 문자메시지에 즉시 답장하지 않으면 불안해하는 친구에게는 "너를 무시하는 게 아니라 휴대폰 사용 시간을 제한하려는 거야. 그래도 2시간 이내에 다시 연락할게"라고 말하는 방법도 있습니다.

경계 설정에 기술을
활용하는 법

아이러니하게도 기술은 기술과 경계를 설정하는 데 도움이 되는 도구들을 제공합니다. 그러나 기술의 변화가 매우 빠르기에 여러분이 이 책을 다 읽을 때 철이 지난 도구들은 새로운 것으로 대체해 이용하는 편이 좋을 수도 있어요. 시도해보기 좋은 몇 가지 아이디어는 다음과 같습니다.

- 주의가 흐트러지지 않도록 알림을 끈다.
- 개인 정보 보호를 위해 전자 장치를 암호로 보호한다.
- 휴대폰에 덜 관심이 가도록 컬러 화면을 흑백 모드로 설정한다.
- 특정 사람이나 특정 시간에 방해받지 않도록 방해 금지 설정을 한다.
- 정해진 시간 이상 모니터를 보게 됐을 때 이를 알리도록 알람을 설정한다.

- 특정 앱 및 웹사이트에서 보내는 시간을 제한하는 프로그램을 사용한다.
- SNS 플랫폼에서 내게 연락하거나 프로필을 볼 수 있는 사용자를 제한한다.
- 전화, 이메일, SNS 계정의 특정 사용자를 차단해 내게 연락하지 못하도록 한다.
- 취침 모드 또는 수면 모드를 사용해 정해놓은 수면 시간 동안 방해받지 않게 한다.
- 휴가 중이거나 업무 외 시간에는 메시지에 회신할 필요가 없도록 자동 응답 기능을 사용한다.

14챕터를 마무리하며

이제 기술이 어떻게 문제를 일으키는지 잘 이해하고 사용 제한에 도움이 되는 도구를 알게 되었습니다. 기술은 우리 삶에서 매우 큰 부분을 차지하고 빠르게 변화하기 때문에 경계를 설정하려면 지속적인 노력이 필요합니다. 계속 자기 행동을 관찰하면 문제가 너무 커지기 전 예방하는 데 도움이 되겠죠?

나가는 말

좌절하는 상황이 와도 포기하지 마세요

이 책을 충실히 다 읽고 연습했다면 더 나은 경계를 설정할 수 있게 되었을 겁니다. 새로운 기술을 배우는 건 때때로 좌절하고 낙담하는 상황이 옵니다. 근데, 그게 정상이에요. 그러니 매 과정마다 감정을 폭발시키지 말고 스스로의 진짜 욕구와 감정을 돌아보며 나아가세요.

그럼 몇 가지 중요 개념과 동기 부여를 유지하는 방법을 살펴보며 우리의 대장정을 마무리하도록 합시다.

중요 개념 찾기

우리는 이 책에서 여러 개념을 다뤄왔습니다. 모두 여러분에게 좋은 영향을 미쳤길 바랍니다. 어쩌면 새로운 방식으로 아이디어를 이해하거나 의미 있는 깨달음의 순간을 느꼈을지도 모르겠네요. 여러분 마음에

울려 퍼진 개념의 뜻을 더 깊이 새기기 위해, 해당 챕터를 대강 훑어보고 눈에 띄는 부분들과 그것들이 어떻게 도움이 되었는지 적어보세요.

	중요한 개념	이 개념들이 어떻게 도움이 되었나요?
1챕터		
2챕터		
3챕터		
4챕터		
5챕터		
6챕터		
7챕터		
8챕터		
9챕터		
10챕터		
11챕터		
12챕터		
13챕터		
14챕터		

실수에서 배우기

경계 설정은 어렵습니다. 그래서 실수를 하기도 합니다. 실수는 부끄러움을 느끼게 하죠. 배우면서 실수하는 건 정상입니다. 오히려 도움이 될 때도 있고요. 최근 경계를 설정할 때 했던 실수 중 하나를 골라 배우는 기회로 재구성해보세요. 그 자체로 동기 부여가 될 거예요.

자신에게 다정하게 대하기

좌절과 실망이 자기비판적 감정으로 이어지지 않도록 유심히 지켜볼 필요가 있습니다. 좌절과 실망은 자신에 대한 부정적인 믿음을 강화해 사기를 떨어뜨리고 경계를 설정하기 어렵게 만들기 때문이죠. 자신에게 친절을 베풀면 더 나은 결과로 이어질 거예요. 다음과 같은 말로 동정심과 안도감을 부여하는 것도 효과적입니다.

"어렵지만 다시 해보자."
"꾸준히 하면 성공할 거야."
"내 두려움에 맞서기로 했어."
"나는 존중받을 권리가 있어."
"연습을 많이 하면 할수록 더 쉬워질 거야."
"모든 사람은 실수를 하고 불완전하게 행동해."
"불편한 감정들은 시간이 흐르면 흐려질 거야."
"새로운 경계를 설정할 때 불편하고 두려운 게 정상이야."

성공에 주목하기

동기 부여를 하고 자신감을 쌓는 또 다른 방법은 자신의 성공과 나아지는 모습에 의도적으로 주목하는 거예요. 내가 겪은 경계 설정 성공 사례를 나열해보세요. 우리는 완벽이 아니라 더 나아진 한 걸음을 찾고 있습니다. 작은 발걸음이 더해져 큰 변화가 생긴다는 걸 잊지 마세요.

독자에게 보내는 마지막 메시지

이 책을 다 읽으셨다니, 정말 놀라운 성과를 거두셨어요. 열심히 노력한 보람이 있으리라 생각합니다. 물론 더 나은 경계 설정을 향한 당신의 여정은 여기서 끝나지 않습니다. 이 책 전반에 걸쳐 말했듯 경계 설정은 욕구와 목표, 관계 변화에 따라 연습과 조정이 더해져야 할 지속적인 과정입니다. 그러니 이 책을 통해 경계 관련 기술을 계속 연습하고 자기 욕구를 존중하며 스스로를 변함없는 다정함과 존중의 마음으로 대하길 바랍니다. 이를 기반으로 여러분의 경계, 자존감 그리고 인간관계가 좋은 방향으로 무럭무럭 자라날 테니까요.

다들 그렇듯 저 혼자 힘으로는 이 책을 완성하지 못했을 거예요. 저와 이 프로젝트를 응원해주신 분들께 큰 감사 인사를 드립니다.

라이언 뷰레쉬, 이 책에 관한 아이디어를 구체화하고 현실화하는 데 도움을 주셔서 감사합니다.

뉴 하빙거 출판사의 편집자와 직원분들의 전문성, 세부 사항에 관한 높은 집중력, 정신 건강 문제와 관련해 보여주신 헌신적인 자세는 정말 훌륭했어요.

미셸 패리스, 제 아이디어를 듣고 평가해주고 또 응원해줘서 고마워요.

저를 편안하게 해주고 지지해주는 우리 가족들, 고마워요.

그리고 독사 여러분, 내담자 여러분, 동료 여러분이 제게 주신 영감과 보내주신 격려에 무한한 감사의 마음을 전합니다.

참고문헌

- 그레첸 루빈, 《나는 오늘부터 달라지기로 결심했다》, 비즈니스북스, 2016

- 루이키, 로이 J. B. 폴린, R. B. 라운트 주니어 〈효과적인 사과의 구조에 대한 탐구(An Exploration of the Structure of Effective Apologies)〉, 《협상 및 갈등 관리 연구(Negotiation and Conflict Management Research) 9》 177 – 196, 2016

- 마샬 B. 로젠버그, 《비폭력대화》, 한국NVC센터, 2011

- 브렌 브라운, 《라이징 스트롱》, 이마, 2016

- 비키 티드웰 팔머, 《배신을 넘어서: 성 중독자 파트너를 위한 5단계 경계 솔루션(Moving Beyond Betrayal: The 5-Step Boundary Solution for Partners of Sex Addicts)》, 센트럴 리커버리 프레스, 2016

- 샤론 마틴, 《완벽주의를 위한 CBT 워크북(The CBT Workbook for Perfectionism)》, 뉴 하빙거 출판사, 2019

- 쥘리 드 아제베도 행크스, 《여성을 위한 주장 가이드(The Assertiveness Guide for Women)》 뉴 하빙거 출판사, 2016

- 크리스틴 네프, 《자기 연민: 자신에게 친절한 것의 입증된 힘(Self-Compassion: The Proven Power of Being Kind to Yourself)》, 윌리엄 모로, 2011

- 크리스틴 네프, 크리스토퍼 저머, 《마음의 자기 연민 워크북(The Mindful Self-Compassion Workbook)》, 길포드 프레스, 2018

- 테렌스 리얼, 《새로운 결혼 규칙(The New Rules of Marriage)》, 발렌타인 북스, 2008

- 패티 브라이트먼, 코니 해치, 《죄책감 없이 거절하는 법(How to Say No Without Feeling Guilty)》, 브로드웨이 북스, 2001

옮긴이 양소하

언어가 좋아 대학에서 영문학과 일문학을 전공하고 도쿄일본어학교를 졸업했다. 외국계 기업에서 근무했고 현재는 서울중앙지방법원 소속 통번역 지정인으로 통번역 일을 이어가고 있다. 글밥아카데미에서 영어 및 일본어 출판 번역 과정을 수료한 뒤에는 바른번역 소속 번역가로도 활동 중이다. 옮긴 책으로는 《책대로 해 봤습니다》, 《그게, 가스라이팅이야》, 《우리가 원하는 대로 살 수 있다면》, 《나의 하루를 지켜주는 말》, 《운의 시그널》, 《그게, 나르시시스트 맞아》, 《데일리 크리에이티브(공역)》, 《일본의 다섯 공주 이야기》, 《Future Tense》(근간) 등이 있다.

그게, 선 넘은 거야

초판 1쇄 인쇄 2023년 11월 6일
초판 1쇄 발행 2023년 11월 20일

지은이 샤론 마틴
옮긴이 양소하
펴낸이 변민아
편집인 박지선, 서슬기
마케터 유인철
디자인 오성민
인　쇄 책과6펜스(안준용)

펴낸 곳 에디토리
출판등록 2019년 2월 1일 제409-2019-000012호
주소 경기도 김포시 북변중로 65번길 4, 2층 에디토리(북변동)
전화 031-991-4775 | **팩스** 031-8057-6631
홈페이지 www.editory.co.kr
이메일 editory@editory.co.kr
인스타그램 @editory_official

Copyright 샤론 마틴, 2022
ISBN 979-11-93327-01-2 (03180)

- 책값은 뒤표지에 있습니다.
- 파본은 구입하신 서점에서 교환해드립니다.
- 이 책은 저작권법에 의하여 보호를 받는 저작물이므로 무단 전재와 복제를 금합니다.
  이 책의 전부 또는 일부를 재사용하려면 반드시 에디토리와 저작권자의 동의를 받아야 합니다.

판형 150x212mm | **표지종이** 아르떼 울트라화이트 210g | **본문종이** 백색모조 100g
제본방식 무선제본 | **표지후가공** 써멀무광라미네이팅, 부분 에폭시